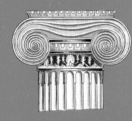

Loverance y Wood

# ANTIGUA
# GRECIA

Traducción de
Graciela Jáuregui de Castro

Colección Mirando la Historia
EDITORIAL SIGMAR

**Títulos publicados**
Antiguo Egipto
Antigua Grecia
Antigua Roma
Los Aztecas
Los Incas

Ilustraciones de
Nigel Longden, Bill Le Fever, Philip Hood,
Finbarr O´Connor, Kevin Maddison y Richard Hook.

Título original: Ancient Greece

# CONTENIDO

**S**i retrocediésemos a los tiempos de la antigua Grecia, ¿con qué nos encontraríamos? ¿Quiénes eran los griegos? ¿De dónde venían y en qué momento aparecieron en la historia?

## GRECIA ANTES DE LOS GRIEGOS

La gente vivió en la península griega desde la Edad de Piedra. Recientemente se encontró un cráneo en una caverna del norte de Grecia, que data de 25.000 años a.C.

En los miles de años siguientes, la gente aprendió a domesticar animales, a sembrar, a hacer vasijas de arcilla, herramientas y armas de bronce.

## UNA CIVILIZACIÓN PERDIDA

Desde el año 3000 a.C., y durante miles de años, Creta, la isla griega más grande, fue la parte más importante del mundo griego. Sus habitantes eran los minoicos, por el legendario rey Minos, que vivía en Cnosos. El palacio era como una pequeña ciudad; adentro había varias casas muy cómodas, con paredes bellamente decoradas y una muy buena instalación de cañerías.

Alrededor del año 1450 a.C., una catastrófica erupción volcánica destruyó la civilización minoica. Esta repentina desaparición debe de haber sido la base de las posteriores historias griegas sobre la Atlántida, el continente perdido que se hundió en el mar.

Sin embargo, a pesar de este mito los griegos no tenían recuerdos de estos primeros pueblos.

## LA LENGUA GRIEGA

Alrededor del año 2000 a.C., un nuevo grupo de personas llegó a Grecia desde Europa central. Hablaban griego o por lo menos sabemos que lo escribían, torpemente, con dibujos por palabras o partes de palabras, como los jeroglíficos egipcios. Pero el lenguaje que hablaban los griegos aún hoy es reconocible, lo cual lo convierte en el más antiguo idioma viviente europeo.

En el resto del mundo, sólo el chino tiene una historia más larga.

*Esta escultura de mármol, sosteniendo una copa, hecha en las islas Cícladas y una de las más tempranas expresiones del arte griego, tiene alrededor de 4000 años de antigüedad.*

Estos primeros griegos son conocidos como micénicos, por Micenas, una de las ciudades griegas del continente. Este pueblo dominó todas las tierras del mar Egeo hasta el año 1100 a.C. Pero luego su influencia comenzó a decaer, quizá debido a la invasión de los dorios, pueblos procedentes del norte que inmigraron a Grecia a principios del siglo XII a.C. Probablemente, los micénicos pueden haber sufrido problemas económicos, quizás una serie de malas cosechas. Cualquiera que haya sido la razón, desaparecieron, y comenzó una edad oscura, un período de 400 años de historia griega del que sabemos muy poco.

*Los minoicos construyeron numerosos palacios. El más grande e imponente fue en Cnosos. Tenía cinco pisos de alto y más de 1300 habitaciones.*

## RELATOS DE LA ANTIGÜEDAD

Algo que realmente sabemos que sucedió en este período fue que los griegos comenzaron a utilizar un alfabeto, en lugar de los dibujos, como escritura. Esto significó que la historia de los días pasados se podía escribir en lugar de transmitirla oralmente de generación en generación. Dos de las más importantes obras, La *Ilíada* y La *Odisea*, de Homero, están basadas en la guerra de diez años de los micénicos contra Troya. Más tarde, los griegos aprendieron a recitar de memoria todos estos largos poemas.

MACEDONIA

LEMNOS

Troya

MITILENE

Termópilas

Delfos

BEOCIA

Platea

ÁTICA

Maratón

Corinto

Olimpia

Micenas

Atenas

MAR EGEO

PELOPONESO

Esparta

TERA

MAR MEDITERRÁNEO

CRETA

RODAS

Cnosos

## SURGIMIENTO DE LOS GRIEGOS

Cuando Grecia salió de la edad oscura, ningún lugar era más importante que otro, como lo habían sido Cnosos o Micenas.

Cada área o ciudad era independiente. Pero todos los griegos se consideraban un solo grupo.

Se llamaban a sí mismos helenos y a su país Hélade, nombres que aún hoy se usan.

Grecia es el nombre que le dieron al país los romanos. Para los griegos ser heleno era ser "de la misma raza y el mismo lenguaje", o como escribió el antiguo historiador Herodoto: "Adorar a los mismos dioses y mantener las mismas costumbres".

El tema que desarrolla este libro es explicar qué significaba ser griego en la vida y en el pensamiento.

*La parte continental de Grecia es muy montañosa. Las primeras comunidades se desarrollaron en zonas donde la tierra era fértil. El terreno escarpado alentó el desarrollo del transporte marítimo, que ayudó a los griegos a expandirse hacia el este del mar Mediterráneo.*

5

# GEOGRAFÍA DE GRECIA

*Esta piedra,* ónfalos, *que estaba en Delfos, marcaba lo que se creía el centro del mundo.*

**D**urante gran parte del año, Grecia es cálida y seca. Sin embargo, a menudo los inviernos son crudos, y a los griegos de la antigüedad les costaba mucho obtener su subsistencia de la tierra.

## UN CROQUIS DEL TERRENO

Grecia es una tierra de montañas altas. Alguna vez estuvieron cubiertas de árboles, pero con el crecimiento de la población los bosques fueron talados y el buen suelo desapareció.

Hay llanuras al pie de las montañas, pero sólo pueden albergar pequeñas comunidades. En la antigüedad, la gente necesitaba todas estas tierras para cultivar algo de trigo y cebada, plantar olivos, higueras y vides, así que tenían poco ganado.

Algunos granjeros extendieron sus granjas hacia las colinas en forma de terrazas. La apicultura estaba muy difundida ya que la miel era la única sustancia conocida para endulzar.

---

*"Lo que queda ahora...*
*se parece a los huesos de un cuerpo*
*arruinado y enfermo, con toda la tierra*
*rica y fértil marchita, y de la que sólo*
*queda el esqueleto descarnado.*
*Las montañas sólo muestran y nutren*
*a las abejas."*

---

— *Platón* —

## GENTE FUERTE

La tierra tenía sus riquezas naturales: mármol para la construcción, buena arcilla para la alfarería y algunos minerales. Las minas de plata ubicadas cerca de Atenas y las minas de hierro de Esparta brindaron riquezas a estas dos ciudades. Pero para la mayoría de los griegos la vida era difícil y como resultado se convirtieron en una raza de gente fuerte. Sin embargo, el clima cálido les brindó una bendición: pasaban la mayor parte de su vida diaria al aire libre.

Las distintas comunidades griegas que se desarrollaron en toda la región estaban separadas por las altas montañas. Por esta razón cada grupo tenía un profundo sentido de su independencia. Actualmente llamamos a estos grupos ciudades-estado, aunque se parecían a pequeñas aldeas. La feroz rivalidad entre ellas, particularmente entre Atenas y Esparta, es uno de los aspectos fundamentales de la historia griega.

## LAS DEFENSAS NATURALES

Actualmente, los viajeros pueden conducir sus vehículos por las montañas usando estrechos y serpenteantes caminos llenos de curvas. Sin embargo, en la antigüedad estos terrenos altos sólo se podían cruzar a pie y con grandes dificultades.

Las montañas, como barreras naturales para el fácil desplazamiento de las personas, a menudo tuvieron un papel fundamental en la historia griega. Pero eso no siempre funcionó a favor. Una importante batalla contra los persas, llevada a cabo en un pasaje montañoso llamado Termópilas, "las puertas calientes", (ver págs. 42 y 43), terminó en una derrota porque los persas descubrieron otro camino a través de las montañas que los griegos creían que sólo ellos conocían.

## UN PAISAJE PARA LOS DIOSES

Los griegos vivían impresionados por la belleza que los rodeaba. Creían que los dioses reinaban en lo alto de su montaña más elevada, el monte Olimpo (2917 m). Construían los templos en lugares que elegían por su encanto natural, y muchos de sus dioses estaban relacionados con la naturaleza: dioses de ríos y árboles, dioses del vino y dioses del clima. Creían que el trueno y el relámpago eran las armas de Zeus, el más grande de todos los dioses ante el cual temblaban las otras deidades y los hombres.

## UN REGISTRO DEL PASADO

Lejos de ciudades como Atenas, el paisaje de Grecia no ha cambiado demasiado al pasar los siglos, y aún podemos saber mucho sobre ella a través de él. Innumerables lugares fueron excavados, y en las zonas rurales se puede aprender mucho con sólo caminar sobre la tierra.

Los arqueólogos han podido examinar antiguos huesos y muestras de polen mediante técnicas especiales, que nos han brindado indicios sobre la clase de animales y plantas que existían en ese período de la historia.

*Figura de bronce realizada en el año 500 a.C. Muestra a Zeus, padre de todos los dioses y señor del cielo, a punto de lanzar un rayo para mostrar su desagrado hacia los hombres.*

*El santuario de Delfos, el lugar más sagrado de Grecia, fue construido en la ladera de la montaña, abajo de los acantilados del Parnaso. Los peregrinos iban allí para saber sobre el futuro y consultaban el oráculo del Templo de Apolo. Iban en procesión al Gran Altar para realizar sacrificios y rezar antes de entrar.*

*Un ánfora del año 520 a.C. Se ve un grupo de granjeros cosechando aceitunas, con varas largas para hacer caer los frutos. Para obtener el aceite los prensaban con pesadas piedras.*

# LOS GRIEGOS Y EL MAR

*Poseidón, el hermano de Zeus. Su doble importancia como dios del mar y de los caballos se muestra en la mítica bestia que cabalga.*

*El comercio marítimo era vital para Atenas. Los barcos partían del puerto El Pireo cargados con aceite de oliva y plata, y navegaban por todo el Mediterráneo. Regresaban con trigo, cobre, hierro, resina, madera y esclavos.*

**G**recia es un país de penínsulas e islas. Por lo tanto, los barcos siempre han sido un medio de transporte esencial para los griegos y sus mercancías. Incluso en la zona continental montañosa era mejor navegar de una costa a otra que ir por tierra.

### COMO RANAS EN UNA LAGUNA

Durante aquella denominada "edad oscura", los griegos ya habían comenzado a navegar desde su pequeño país en busca de más tierras o de riquezas, iniciando una colonización que abarcó una amplia zona del Mediterráneo y del mar Negro. Esta búsqueda los llevó hacia el este, hasta la costa de Turquía (conocida como Asia Menor); al norte, hasta los remotos rincones del mar Negro; al sur, hasta la costa de Libia; al oeste, hasta Italia e incluso hasta Francia y España.

En todos estos lugares se desarrollaron nuevas colonias; Nápoles, Niza, Mónaco y Marsella fueron fundadas por los griegos. Las colonias griegas eran ciudades-estado independientes, aunque se mantenían muy unidas a su ciudad fundadora. De esta manera las ideas e influencias de los griegos se dispersaron por toda la región mediterránea. El filósofo Platón decía que los griegos vivían en el mar como ranas en una laguna.

*Figura de bronce, realizada en el año 520 a.C., que muestra a un niño cabalgando sobre un delfín. Los personajes acuáticos, como el pulpo, los caracoles y delfines, eran temas populares en el arte griego.*

## HÉROES DEL MAR

Los griegos constantemente se contaban unos a los otros historias del mar. En la *Odisea* de Homero, el mar es casi el personaje principal, que lucha contra el héroe Odiseo que se esfuerza para regresar a su hogar en la isla de Ítaca, después de la Guerra de Troya. Otras historias reflejan cuánto se alejaban los griegos de su tierra natal; la historia de Jasón y los argonautas cuenta el viaje hasta las alejadas orillas del mar Negro en busca del Vellocino de Oro (la lana de un carnero de oro).

## TESOROS SUBMARINOS

En los años recientes se han descubierto algunos maravillosos objetos en el mar que rodea a Grecia. Estatuas de bronce de tamaño natural fueron halladas y sacadas a la superficie, algunas con ojos de coral aún en su lugar. Los restos de barcos enteros, con sus cientos de ánforas (grandes vasijas que alguna vez contuvieron vino y aceite de oliva) fueron extraídos por buzos. La presencia de 10.000 almendras que posiblemente habían sido cosechadas en Chipre, en el año 300 a.C., se encontraron en un lugar de naufragio. En realidad, la arqueología submarina se ha convertido en una ciencia especializada, y sin duda revelará más secretos del pasado con la continua exploración del lecho marino.

## COMERCIO MARÍTIMO

El comercio marítimo se intensificó cada vez más porque los griegos transportaban por ese medio las mercancías que no tenían en su país. Pocas ciudades de la antigüedad podían vivir de sus propios recursos; Atenas importaba cereal del mar Negro a cambio de aceitunas y vino. Las importaciones más exóticas incluían especies provenientes de Egipto, como asimismo esclavos de diferentes países.

También existía un intercambio de ideas, ya que los griegos se pusieron en contacto con otros pueblos. Aunque poseían gran inventiva, captaron rápidamente el valor del alfabeto de los fenicios, de la matemática de los babilónicos, y la exquisita escultura de los egipcios, ideas que tomaron "prestadas" para enriquecer su propia cultura.

## DIOSES DEL MAR

Los griegos habían aprendido a tratar al mar con respeto. A veces, parecía un lugar familiar, lleno de peces y delfines juguetones, pero podía cambiar repentinamente y convertirse en un reino extraño y prohibido, hogar de monstruos feroces y temibles dioses. Se decía que Nereo, un dios menor del mar, a veces aparecía con forma humana y otras con forma de serpiente marina.

Poseidón era el dios que presidía todo el maravilloso mundo; y la gente creía que cuando paseaba en su carroza tirada por caballos, toda la tierra temblaba.

*Había colonias griegas en muchos lugares de las costas europeas, norte de África y en el mar Negro. Las colonias mantenían fuertes lazos comerciales con el resto del mundo griego. Algunas, como Bizancio, se convirtieron en más poderosas que sus ciudades-estado.*

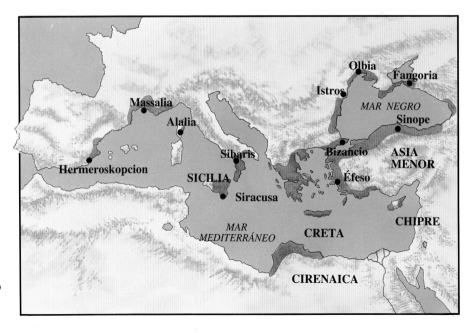

9

# LA GENTE GRIEGA

*Las estatuas de mármol como ésta, esculpida en el año 480 a.C., mostraban formas humanas perfectas en lugar de personas reales.*

*En la bulliciosa ágora se oían los gritos de los granjeros, los artesanos y mercaderes que ofrecían sus mercancías, los clientes que regateaban, los cerdos que gruñían y las gallinas que cacareaban.*

Uno podría preguntarse qué aspecto tenían los antiguos griegos. La gran cantidad de estatuas que han sobrevivido de aquella época generalmente representan formas humanas ideales, tales como creían los escultores que debía tener la gente. Quizá las personas que se mostraban en las pinturas de los jarrones fueran más reales. Sin embargo, los mejores indicios sobre la verdadera apariencia de los antiguos griegos provienen de los cuerpos que han sido encontrados en las excavaciones. Gracias a éstas, sabemos que se parecían mucho a los griegos actuales, bajos y fornidos, con cabello y ojos oscuros.

## UNA LARGA VIDA

Los griegos llevaban una vida activa y pasaban mucho tiempo al aire libre. Probablemente por eso muchos de ellos eran longevos. Entre los más famosos atenienses del siglo V a.C., el soldado y escritor Jenofonte tenía 76 años cuando murió, el autor teatral Esquilo, 71, y el filósofo Platón, 82.

Si bien conocemos las edades exactas de personas importantes, al parecer el griego común también gozaba de larga vida.

## EL PAPEL DE LAS MUJERES

Por los registros históricos, al parecer los únicos griegos que tenían importancia eran los hombres, ya que sólo ellos participaban de la vida pública. Las mujeres se quedaban en la casa y sólo salían ocasionalmente, quizá para ir al teatro. Sin embargo, en la antigua Grecia, algunas mujeres podían convertirse en sacerdotisas, algo que no se les permite en la mayoría de las religiones actuales. El resto de las mujeres intervenía en la cocina y tejía telas para la vestimenta de la familia. Las niñas se

educaban separadamente de los varones y la instrucción que recibían era menor que la de ellos. Resulta extraño que muchas obras clásicas griegas describan heroínas valerosas y resueltas, ya que las mujeres de la vida real tenían un papel tan limitado. La reina Clitemnestra, por ejemplo, mata a su esposo Agamenón, el rey de Micenas, y Medea ayuda a Jasón y a los argonautas a descubrir el Vellocino de Oro.

## ¿EXTRANJEROS O INVITADOS?

Otro grupo al que no se le permitía intervenir en la vida pública era el de los "extranjeros". En realidad, se trataba de griegos que se habían ido de su ciudad para buscar trabajo. En Atenas había casi 10.000 extranjeros, comparados con los 40.000 hombres "libres" o "ciudadanos". Pero la vida no era muy difícil para ellos; la palabra griega para extranjero *(xeno)* es la misma palabra que para invitado, y la hospitalidad era, y aún es, considerada una gran virtud entre los griegos.

## EL COSTO DE LA ESCLAVITUD

La esclavitud era común en la mayoría de las sociedades de la antigüedad. Los griegos la practicaron con moderación. La gente más pobre tenía un esclavo o ninguno; la más rica, generalmente, tenía varios. Los esclavos trabajaban con sus dueños, ayudaban a la mujer en la casa, al granjero en el campo, al artesano en su taller.

El precio de un esclavo variaba de acuerdo con sus habilidades, pero el precio promedio en Atenas era de 175 dracmas (más o menos, mil dólares actuales).

Al parecer, los esclavos no eran tratados mal. En realidad, en Atenas, algunos esclavos podían convertirse en policías, ya que a la mayoría de los atenienses no le gustaba realizar ese trabajo. Sin embargo, había tristes excepciones, los esclavos de las minas de plata y de las canteras vivían y trabajaban en condiciones terribles, aparte de que su padecer era en gran manera ignorado.

*Una vasija ateniense del año 500 a.C., en la que se ve a una mujer llenando su cántaro con agua, en la fuente de una casa. Dos mujeres se alejan con dos cántaros llenos y dos se acercan con dos vacíos.*

## UNA VIDA SIN LUJOS

En Esparta, las cosas se desarrollaban en forma bastante diferente. Los ciudadanos constituían una pequeña parte de la población, la mayoría eran esclavos, llamados *ilotas*. Se había establecido una organización en la que los ilotas realizaban todo el trabajo manual, mientras los ciudadanos se concentraban en el entrenamiento para la guerra, y así podían mantener a los ilotas bajo control. En términos de comodidad, la vida de un ciudadano espartano no era muy diferente de la de un ilota; no tenía una vida lujosa porque debía mantenerse rudo, dirigir su ejército y sofocar cualquier rebelión de los esclavos.

*Un esclavo negro limpiando una bota. Muchos esclavos nacían en cautiverio. Otros eran capturados por traficantes de esclavos que seguían al ejército, listos para arrebatar cualquier cautivo.*

11

# LA VIDA FAMILIAR

*Cuando los niños cumplían tres años les regalaban jarrones en miniatura como éste, en una ceremonia infantil especial que se llevaba a cabo todos los años en Atenas.*

**L**a familia era la unidad principal de la sociedad griega. Sin embargo, cada familia formaba parte de un grupo más grande, una hermandad, y cada hermandad pertenecía a una tribu. De esta manera la familia integraba una amplia comunidad.

### EL JEFE DE LA FAMILIA
El padre era el jefe de la familia. Cuando nacía un bebé, el padre tenía que reconocerlo; si no lo hacía, lo dejaban en la ladera de una colina para que muriera. El padre estaba autorizado para desheredar a un hijo que se comportara mal con él. También tenía el derecho de elegir un esposo para cada una de sus hijas.

### EL PAPEL DE LA ESPOSA
Antes de que una mujer se casara estaba bajo la autoridad de su padre y después, de su esposo. Como esposa estaba encargada de todas las tareas de la casa, y era respetada si manejaba con eficiencia su hogar. Probablemente, en aquella época, como ahora, algunos esposos hablaban con sus esposas sobre negocios o política. El rey espartano Leónidas, por ejemplo, una vez recibió una tabla de cera para escribir sin ningún mensaje. Se lo mostró a su esposa Gorgo, quien dedujo que el mensaje estaba escrito sobre la madera, debajo de la cera, para que permaneciera en secreto durante su viaje.

*Muñeca de terracota. Originalmente estaba pintada con colores brillantes. La muñeca tiene cuerdas en los hombros y las rodillas para poder moverle los brazos y las piernas.*

### LOS NIÑOS
A menudo, a los niños de las familias ricas los cuidaban los esclavos, por lo que algunas madres griegas no tenían mucho contacto con sus hijos e hijas. Quizá por esta razón, los griegos eran extremadamente sentimentales con ellos. Los niños eran un tema popular en las pinturas de los jarrones, y se confeccionaba una gran cantidad de juguetes, incluyendo muñecas, caballitos y barriletes.

También había un festival especial para niños en Atenas, en el cual los niños eran coronados con flores y se les entregaban como regalo jarrones en miniatura.

*La música acompañaba los ejercicios gimnásticos, la danza, la lectura de poesías y el canto. Los instrumentos de cuerda que se ven son llamados liras. Cada una tiene una caja sonora hecha con caparazón de tortuga.*

## LA ESCOLARIDAD

La educación en Atenas era diferente para los niños y las niñas. Las niñas eran educadas en casa, pero los niños entre los 6 y los 14 años concurrían a la escuela. El día escolar era largo, desde el amanecer hasta el anochecer, y no tenían vacaciones prolongadas. Sin embargo, tenían días de descanso para las celebraciones, y en algunos lugares había muchas (ver págs. 30 y 31).

Los alumnos aprendían a leer, escribir y algo de aritmética. La lectura se enseñaba a través de las obras de los poetas épicos. Muchos alumnos podían recitar las grandes obras de Homero, la *Ilíada* y la *Odisea*. Era una gran hazaña de la memoria, ya que los dos poemas tenían un total de 26.000 versos y recitarlos llevaba cerca de 24 horas.

La educación física se tenía muy en cuenta en la escuela, y el entrenamiento de lucha era una parte esencial del día. Los ejercicios y el recitado de poemas eran acompañados por música, así que aprender a ejecutar la lira y el caramillo también formaba parte de una buena educación.

## PRESCINDIR DE LA FAMILIA

Los espartanos eran muy severos en la forma en que trataban a sus hijos. A los siete años, los niños y las niñas tenían que ir a vivir en barracas, donde la sola preocupación estaba puesta en el entrenamiento físico. Dejaban que tuvieran hambre, y los alentaban a conseguir su alimento robándolo; si los atrapaban los golpeaban, no por haber robado sino porque habían sido descubiertos. Un famoso ejemplo de este modelo de conducta es el de aquel muchacho que fue sorprendido robando un zorro, lo escondió bajo su capa y dejó que lo mordiera antes de que lo sorprendiesen.

En Atenas también existía un entrenamiento militar; los jóvenes de 18 años cumplían dos años de servicio nacional como última etapa de su educación. Pero en Esparta esto se extendía durante toda la vida; los hombres no se podían casar hasta los 30 años y aun así vivían en las barracas, sin la esposa. Esparta fue más allá que la mayoría de las sociedades al interferir en la unión familiar.

*Los maridos griegos no pasaban mucho tiempo con su familia. Trabajaban, actuaban como jurados o conversaban con sus amigos la mayor parte del día.*

# ALIMENTOS Y FESTINES

*Un plato decorado con peces. El pescado fresco era popular, pero muy costoso. La gente pobre que no podía comprarlo comía pescado desecado o salado.*

*En un* simposio *había gran cantidad de vino y de deliciosa comida. El entretenimiento estaba a cargo de los músicos y las bailarinas.*

**L**os griegos vivían una vida sencilla. Con un clima cálido y soleado podían vivir al aire libre la mayor parte del tiempo. Con frecuencia, usaban ropa suelta y comían alimentos livianos, como frutas frescas, cereales y pan.

## AL COMIENZO DEL DÍA

El desayuno no era la comida principal de los griegos. El clima era lo suficientemente cálido como para que durmieran con poco abrigo, así que podían salir de la cama y estar listos para comenzar el día. La vestimenta griega era muy simple. Hombres, mujeres y niños usaban el *quitón*, una pieza rectangular con aberturas para la cabeza y los brazos. Los hombres jóvenes y los niños usaban *quitones* hasta las rodillas; las mujeres y los hombres mayores los usaban un poco más largos, aunque se consideraba ostentoso arrastrar un quitón por el suelo. A veces, las mujeres también usaban el *peplo*, que era similar al quitón pero abierto al costado y con un pliegue más en la parte superior.

Para el frío, ambos sexos usaban una capa larga llamada *himatión*.

## LA DIETA GRIEGA

Comprar alimentos en el mercado era una tarea de los hombres y un esclavo llevaba las compras a la casa. Los griegos comían principalmente pan, aceitunas, cereales y fruta. El pescado era un manjar ocasional, ya que aunque había gran cantidad en el mar aún tenían que pescarlos y lo consideraban un lujo. Los antiguos griegos comían muy poca carne.

En Esparta, la dieta era aun más severa y no había lujos. Un visitante, después de haber concurrido a una comida pública en Esparta, señaló: "Ahora sé por qué los espartanos no le temen a la muerte". Cuando le pidieron que nombrara su plato preferido, un poeta espartano admitió que le encantaba la sopa de lentejas, algo que muchas personas no considerarían muy especial.

En cuanto a la bebida, los griegos bebían vino; el café y el té no se bebieron en Europa hasta 2000 años después. Los griegos mezclaban el vino con agua en una *crátera* o bien directamente en la copa. Una razón por la cual los recipientes griegos tenían formas diferentes era porque se usaban para almacenar, diluir y servir el vino.

*Las túnicas griegas, llamadas* quitones, *eran rectángulos de lino o lana fruncidos sobre el cuerpo y tomados con alfileres o broches en el hombro. Los jóvenes y los esclavos usaban quitones cortos, los hombres mayores y las mujeres los usaban más largos. En invierno se envolvían con una capa llamada* himatión, *para estar más abrigados.*

## FESTINES

Para las ocasiones especiales, la comida de los griegos era más elaborada, y los festines fueron muy populares. Alcmán, un poeta espartano, escribió con entusiasmo sobre un festín en el que las mesas estaban "coronadas de panes con semillas de amapolas, lino y sésamo entre las copas y platos con tortas de miel". El festín o *simposio* se llevaba a cabo en el *andrón*, el área de los hombres en la casa, mientras las esposas y las hijas se mantenían alejadas.

## LAS BAILARINAS

Un anfitrión griego generalmente empleaba músicos y bailarinas para entretener a sus invitados. Estas jóvenes eran esclavas o mujeres solteras de la sociedad ateniense. Se las llamaba *hetairas*.

En estas ocasiones el vino fluía libremente, y se jugaba a un juego llamado *kottabos*, que consistía en arrojar objetos a un blanco. Pero en realidad, lo que más deleitaba eran las largas sobremesas donde se hablaba y discutía de todo.

## CASAMIENTOS

Las mujeres de la casa tenían su oportunidad de intervenir en las celebraciones cuando había un casamiento en la familia, los cuales casi siempre eran arreglados entre los padres de los novios.

Las jóvenes se casaban cuando tenían 15 años, y no conocían a sus futuros esposos hasta el mismo día de la boda. Las celebraciones comenzaban con oraciones y festejos en la casa de la novia, y luego al atardecer la novia era escoltada hasta la casa del novio en un carruaje nupcial.

No había necesidad de concurrir a lo que podría ser una iglesia o registro civil actuales, todo se concertaba en el círculo familiar.

*La procesión de un casamiento. El novio y la novia, en un carruaje nupcial, se dirigen hacia la casa del esposo.*

15

# LAS CASAS GRIEGAS

*Modelos de terracota, similares a éste de una mesa llena de vasijas, se enterraban en las tumbas de sus dueños.*

*Este modelo de terracota muestra una mujer bañándose. La gente rica tenía sus propios baños; los pobres se bañaban en grandes recipientes.*

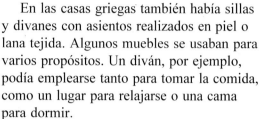

La mayoría de los griegos vivía en el campo, porque allí era donde trabajaban. Pero en el campo o la ciudad, las casas griegas no eran lujosas. Estaban construidas con ladrillos de barro y levantadas sobre cimientos de piedra. No tenían las comodidades que hoy en día consideramos esenciales, como agua corriente, instalación de cañerías y cocinas adecuadas.

## COCINA Y BAÑO

En la casa griega el agua se sacaba de un pozo. Éste podía tener 15 metros de profundidad, así que extraer el agua era una tarea bastante difícil para los esclavos. A veces, la sacaban de fuentes públicas. Algunas habitaciones del interior de la casa estaban reservadas para la cocina y el baño, pero generalmente no tenían artefactos correspondientes. Cocinaban sobre un brasero portátil o en un horno de piedra.

En el baño utilizaban un gran recipiente como inodoro, y luego los esclavos lo vaciaban en canaletas de las calles. Sólo algunas casas de ciudadanos ricos poseían desagües al exterior.

## EL MOBLAJE

A los griegos les gustaba sentarse o reclinarse sobre divanes y bancos bajos, y comer ante mesas bajas. Guardaban su ropa en cajones, no en armarios, ya que así podían doblar sus *quitones* y otras ropas sencillas que al ordenarlas estiradas, no se les arrugaban.

En las casas griegas también había sillas y divanes con asientos realizados en piel o lana tejida. Algunos muebles se usaban para varios propósitos. Un diván, por ejemplo, podía emplearse tanto para tomar la comida, como un lugar para relajarse o una cama para dormir.

> "La casa tiene pocas decoraciones llamativas. Las habitaciones presentan diseños sencillos para que los objetos que las ocupan tengan un lugar adecuado, y así cada habitación brinda aquello para lo que fue preparada."
>
> — *Jenofonte* —

## DECORACIÓN DE INTERIORES

El arte de colocar mosaicos (cuadros realizados con pequeños trozos de piedra o vidrio) fue inventado por los griegos. Sin embargo, en las casas particulares no se veían mosaicos elaborados. A veces, el *andrón* (habitaciones para los hombres) de una vivienda griega rica tenía pisos con mosaicos, realizados con guijarros coloreados del río, con un diseño de triángulos, círculos y cuadrados. Pero, fuera de esto, la mayoría de los pisos de la casa eran de tierra.

Las paredes, probablemente de yeso, a veces tenían colgados coloridos tapices, tejidos por las mujeres de la casa. Los más espléndidos se encontraban en el *andrón*, que casi siempre era el lugar que tenía la decoración y pintura más elaboradas. Un ateniense rico, llamado Alcibíades, hizo pintar a un diseñador teatral, varias escenas en perspectiva en las paredes de su comedor, como se verían en el telón de fondo de un teatro.

Las pinturas deben de haber sido un absorbente tema de conversación e inevitable entre los invitados.

Las personas menos pudientes colgaban ollas, cacharros y otros utensilios en las paredes.

Esto resolvía de manera original el problema de la provisión y la decoración.

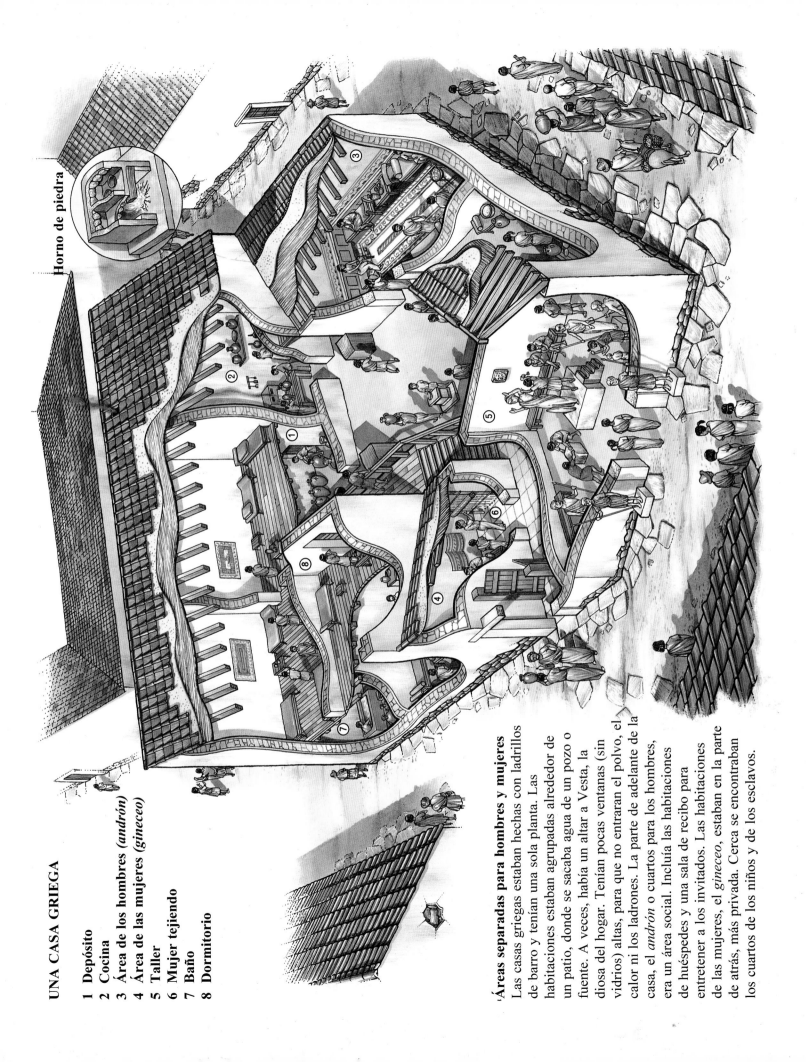

**Horno de piedra**

## UNA CASA GRIEGA

1 Depósito
2 Cocina
3 Área de los hombres (*andrón*)
4 Área de las mujeres (*gineceo*)
5 Taller
6 Mujer tejiendo
7 Baño
8 Dormitorio

**Áreas separadas para hombres y mujeres**

Las casas griegas estaban hechas con ladrillos de barro y tenían una sola planta. Las habitaciones estaban agrupadas alrededor de un patio, donde se sacaba agua de un pozo o fuente. A veces, había un altar a Vesta, la diosa del hogar. Tenían pocas ventanas (sin vidrios) altas, para que no entraran el polvo, el calor ni los ladrones. La parte de adelante de la casa, el *andrón* o cuartos para los hombres, era un área social. Incluía las habitaciones de huéspedes y una sala de recibo para entretener a los invitados. Las habitaciones de las mujeres, el *gineceo*, estaban en la parte de atrás, más privada. Cerca se encontraban los cuartos de los niños y de los esclavos.

# EL MUNDO DEL TRABAJO

*Terracota de una esclava dando aire al fuego de una cocina. De esta manera el carbón se calentaba lo suficiente para la cena, la única comida caliente del día.*

*A la lana de oveja había que sacarle los nudos, lavarla y luego teñirla. Las mujeres casadas tejían y sus hijas hilaban. El tiempo generalmente se presentaba agradable, así que este trabajo se realizaba en el patio.*

**L**os griegos (granjeros, artesanos y funcionarios de estado) trabajaban arduamente en sus ocupaciones. Siempre valoraban el trabajo bien hecho y apreciaban la calidad y la habilidad en el oficio. Pero la mayoría de la gente no vivía para trabajar; otras aspiraciones, como la de ser un buen ciudadano, eran esenciales para ellos.

## LAS MUJERES EN EL TRABAJO

Las mujeres tenían esclavos que las ayudaban en las tareas domésticas, como cocinar. Eso les permitía tener tiempo libre para tejer; la ropa, las cortinas, los tapices y almohadones se confeccionaban en la casa.

Para tejer se necesitaban varios elementos. Para confeccionar la tela se utilizaba lana o lino; en aquella época el algodón era muy raro. Primero se lavaba la lana o el lino, se lo peinaba y teñía. La mayoría de las tinturas que se utilizaban eran preparadas con elementos de la tierra y de las plantas, excepto un púrpura brillante, que provenía del múrice, un género de molusco. Luego, la lana o el lino se hilaban a mano con una rueca y un huso (el torno de hilar todavía no había sido inventado). Finalmente, el hilo se tejía y convertía en tela en un telar vertical, sostenido con pesas especiales.

## LA AGRICULTURA

La agricultura era de vital importancia para la economía de la antigua Grecia. Durante la Guerra del Peloponeso (ver págs. 42 y 43), el general espartano Brásidas pudo someter a Acanto, una ciudad neutral, simplemente amenazándola con destruir su cosecha de fruta.

Muchos habitantes de la ciudad y también campesinos trabajaban la tierra. El año de cultivos tenía un ciclo regular. En primavera, los granjeros y sus trabajadores se preparaban para la cosecha de granos de mayo; en otoño, cosechaban uvas y aceitunas, y también araban y volvían a sembrar para la siguiente cosecha.

En verano y en invierno no eran tan laboriosos, lo cual les daba mucho tiempo para otras ocupaciones como la guerra y la política.

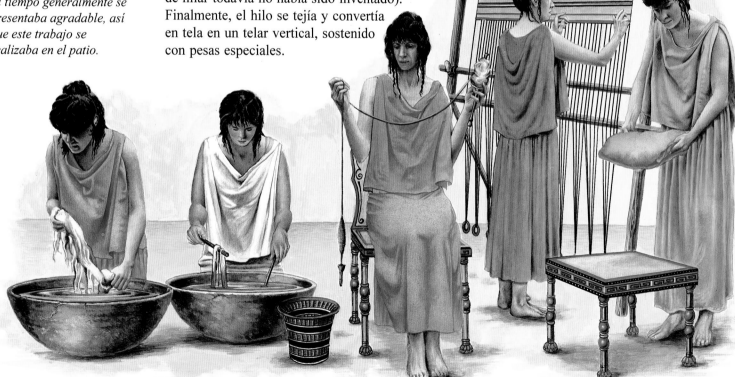

## INDUSTRIALIZACIÓN

Los artesanos de la antigua Grecia se enorgullecían de sus productos. Una de las razones por las que podían estarlo era que trabajaban en una escala muy pequeña. Las fábricas eran casi desconocidas, aunque sabemos de una que empleaba a 20 esclavos para hacer armazones de camas y otra con 30 esclavos que fabricaba espadas. Algunas fábricas más grandes se instalaban en tiempos de guerra, cuando aumentaba la demanda de armas y armaduras, pero eran pequeñas comparadas con las de hoy en día.

El único ejemplo de industrialización en una escala similar a la de los tiempos modernos era el de las minas de plata de Lávrion, en Ática. El estado arrendaba los derechos de minería a los hombres ricos que trabajaban las minas usando grupos de esclavos. El general ateniense Nicias alquiló 1000 de sus esclavos para que trabajaran en las minas de plata y obtuvo una enorme ganancia.

*Los griegos utilizaban diferentes clases de herramientas: martillos, hachas, taladros y tornos, que estaban hechos de bronce y más tarde, de hierro. Esta figura en terracota muestra a un trabajador usando una sierra.*

*Las vides crecían muy bien en las cálidas laderas de las colinas griegas. Las uvas se colocaban en canastas de mimbre y el jugo se obtenía pisándolas. El vino se mezclaba con agua antes de beberlo.*

## VIVIR CERCA DE LOS NEGOCIOS

En las ciudades trabajaban muchos artesanos, (alfareros, escultores y herreros). Generalmente, cada oficio se practicaba en una zona particular de la ciudad y eso sucedía durante un largo período; una casa de escultores de mármol de Atenas fue ocupada durante 200 años. El principal oficio que se practicaba era la alfarería, y sólo en Kerameikos, el barrio de los alfareros, trabajaban más de cien pintores de jarrones.

Los artesanos vendían sus mercancías en forma directa, no había revendedores. Por esta razón muchos griegos vivían lo más cerca posible de sus negocios.

Esta modalidad traía como resultado que las únicas zonas comerciales especiales de la ciudad fueran los mercados.

*Los griegos iban descalzos en casa, pero para salir usaban sandalias de cuero o botas. La gente se las hacía hacer a medida en el taller de un zapatero o en el puesto de un zapatero en el ágora.*

## RICOS Y POBRES

Como resultado de esta explotación, en la sociedad griega había gente muy rica y gente muy pobre. Pero para ayudar a que el sistema fuera un poco más justo, existía un régimen de impuestos para los ricos, llamado liturgias.

Los hombres ricos tenían que prestar servicios especiales al estado, como pagar al coro en las obras teatrales de las festividades. Muchos se quejaban por eso, pero por lo menos sabían en qué se gastaba el dinero y se podían sentir orgullosos de la calidad del servicio que brindaban.

# LAS CIUDADES-ESTADO

*Pericles, líder de Atenas en la "Edad de Oro" cuando la riqueza y el poder de la ciudad estaban en su plenitud, organizó un programa de construcciones para embellecer la ciudad.*

**L**a antigua Grecia estaba integrada por más de 100 ciudades-estado, de manera que cada griego pertenecía por lo menos, a una de ellas. Su palabra para ciudad-estado, *polis*, nos ha dado la palabra "política", que significa el arte de gobernar un estado.

## EL CAMPO Y LA CIUDAD

Una ciudad-estado incluía la ciudad y el campo que la rodeaba. Así que, cuando los griegos hablaban sobre los atenienses se referían a los habitantes de la ciudad de Atenas y a la gente que vivía en el Ática, la zona que la rodeaba. El estilo de vida de los habitantes de la ciudad y del campo era obviamente muy diferente, por lo tanto sus intereses no siempre eran los mismos.

En la triste comedia *Los acarnienses*, su autor, Aristófanes, cuenta lo mucho que extrañaron los habitantes de una pequeña ciudad, Acarnes, del Ática cuando tuvieron que buscar refugio en Atenas, durante la Guerra del Peloponeso (ver págs. 42 y 43).

## CONOCER DE VISTA A TODOS

Todos los hombres adultos nacidos en una polis eran reconocidos como ciudadanos de esa ciudad-estado en particular. Un estado de 10.000 ciudadanos tenía una población total de alrededor de 100.000 (cerca de 40.000 mujeres, niños y extranjeros y 50.000 esclavos). La mayoría de las ciudades-estado eran pequeñas, con menos de 10.000 ciudadanos. Atenas era excepcionalmente grande, con aproximadamente 40.000 ciudadanos; Esparta sólo tenía 9000 ciudadanos, pero éstos eran superados por 60.000 ilotas (ver págs. 10 y 11).

El filósofo Aristóteles decía que cada ciudadano debía conocer de vista a todos los otros, porque sólo así una democracia podía funcionar apropiadamente. Él creía que la democracia no era posible en las grandes ciudades, por ejemplo de 100.000 ciudadanos, y con una población total de 1.000.000 de personas.

*El centro de ceremonias de Atenas fue la Acrópolis ("fortaleza elevada"). El edificio más grande es el Partenón (templo de Atenea). Se ve también la estatua de Atenea de 10 m de alto que se halla cerca del mismo.*

*Las monedas griegas estaban hechas de oro o plata. A menudo estaban estampadas con varios símbolos de la ciudad-estado de un lado, y la cabeza de un dios particular del otro.*

## DIPLOMACIA Y ALIANZAS

Actualmente, las naciones negocian a través de sus embajadores, funcionarios especialmente elegidos que viven en ciudades extranjeras y actúan en nombre de su país. Sin embargo, en la antigua Grecia las cosas eran diferentes. Esparta, por ejemplo, estaba representada en Atenas por un funcionario ateniense que había acordado defender los intereses espartanos.

Algunas ciudades estaban agrupadas en alianzas especiales. Las ciudades de Beocia, por ejemplo, formaban la Liga de Beocia, y las ciudades costeras del Egeo constituían el Imperio ateniense, pero a pesar de eso, las alianzas eran excepcionales, y sólo se formaban con algún propósito particular, como luchar contra los persas.

## MURALLAS PROTECTORAS

Alrededor de algunas ciudades de la antigua Grecia se construyeron murallas especiales de defensa para protegerlas de los ataques enemigos. Las murallas de Atenas se extendían desde la ciudad hasta el puerto de El Pireo, que se encontraba a 5 km. Fueron construidas con rapidez después de las Guerras Médicas (contra los persas).

Esparta no tenía murallas protectoras, pero estaba tan bien defendida naturalmente que era conocida como la ciudadela de Grecia. El tamaño de su territorio hacía que no fuera tan vulnerable ante un ataque sorpresa como algunas de las otras ciudades-estado. También Esparta estaba rodeada por la cordillera Taigeto, una formidable barrera para cualquier posible invasor.

## TIEMPO Y DINERO

Cada ciudad-estado tenía sus propias costumbres y tradiciones. Hasta los calendarios cambiaban, y hacían que los convenios diarios entre las ciudades-estado y las fechas oficiales de los acontecimientos fueran muy confusos.

Todas las ciudades-estado producían sus propias monedas, estampadas con el símbolo de cada ciudad. Las monedas fueron un invento bastante reciente, y no había un tipo de cambio establecido; la gente regateaba hasta que llegaba a un acuerdo. Algunas monedas sólo se podían utilizar en su estado, otras, como las atenienses (que tenían la cabeza de Atenea en el anverso y una lechuza, que era su símbolo, en el reverso) eran aceptadas en todo el mundo griego.

## ORGULLO CÍVICO

Las ciudades-estado eran muy diferentes unas de otras, y a menudo, los griegos tenían ideas ya establecidas sobre la identidad de cada una. Los nativos de una ciudad-estado podían ser muy despreciativos con los de otras; los atenienses se referían a los granjeros de Beocia como cerdos beocianos. El orgullo local era muy fuerte, especialmente entre los espartanos. Los valientes soldados de Esparta que murieron después de rehusarse a huir de los persas en las Termópilas, aunque eran superados ampliamente en número, fueron recordados en un famoso epigrama: "Extranjero que pasas, ve y dile a los espartanos que obedientes a sus leyes, aquí descansamos."

*Una estatua de mármol de un guerrero espartano. Se cree que es Leónidas, rey de Esparta, entre los años 490 y 480 a.C., y puede haber pertenecido a un monumento a los espartanos muertos en la batalla de las Termópilas.*

# LA DEMOCRACIA

*Cuando terminaba un juicio, el jurado votaba utilizando estos discos para indicar si la persona era culpable o inocente.*

*Cada jurado ponía un trozo de bronce con su nombre en la ranura de una "máquina" de nombramientos. Todos los días se elegían diferentes hileras de nombres para servir en la corte.*

**C**ada ciudad-estado tenía su forma de gobierno particular, pero todas estaban basadas en el amor a la libertad y a la independencia. Los griegos no estaban dispuestos a vivir como sus vecinos, los persas, que eran considerados por su rey casi como si fueran esclavos.

## EL GOBIERNO EN ESPARTA

Esparta tenía un sistema de gobierno tan peculiar, que a todas las otras ciudades-estado les parecía extraño. La autoridad era compartida entre dos reyes, cinco *éforos* (magistrados que se elegían cada año) y una Asamblea, integrada por todos los espartanos mayores de 30 años. La finalidad de esta organización era que ninguna parte del estado tuviera más poder que las otras.

*Un reloj de agua. Los oradores de la corte podían hablar durante el tiempo que tardaba el agua en caer del recipiente de arriba al de abajo. A muchos griegos les agradaba actuar como jurados, seguramente también porque recibían un día de pago sin tener que ir a trabajar.*

## SISTEMAS DE GOBIERNO

Muchas ciudades-estado estaban gobernadas por grupos de hombres ricos. Cada uno de estos grupos era conocido como una oligarquía, "el gobierno de unos pocos". Algunas ciudades, como Atenas, eran regidas por una oligarquía sólo en tiempos difíciles, otras, como Tebas, lo fueron siempre.

Sin embargo, el sistema de gobierno por el que los griegos son más recordados es la democracia, "el gobierno del pueblo". Aunque la democracia de la antigua Grecia era bastante diferente de la actual. Debido al tamaño de los estados modernos, las democracias de hoy son ejercidas por un grupo de individuos, elegidos para representar al pueblo de una nación en un parlamento. Las ciudades griegas eran lo suficientemente pequeñas como para que todos los ciudadanos (hombres que hubieran nacido en la ciudad-estado) tuvieran el derecho de formar parte de una asamblea.

A la gente se le pagaba por reemplazar el tiempo empleado en su trabajo en ayudar a que la democracia funcionara. La función de los jurados, por ejemplo, requería gran número de personas, a menudo varios cientos en cada jurado. A los atenienses les gustaba el proceso legal. No había jueces ni abogados, la gente hablaba en defensa propia.

## LOS PELIGROS DE UN BUEN ORADOR

Todos tenían el derecho a hablar en la Asamblea. Sin embargo, algunas personas eran más hábiles que otras para hacerlo en público, y por lo tanto tenían más posibilidades de persuadir a la gente de que sus opiniones eran correctas. Una vez, durante la Guerra del Peloponeso, llegó la noticia a Atenas de que la isla de Mitilene se había sublevado contra su gobierno. Después de un acalorado debate, y hábiles discursos de algunos ciudadanos violentos, la Asamblea votó matar o esclavizar a todos los de la isla. Al día siguiente, los atenienses estaban tan consternados por lo que habían hecho que se volvieron a reunir y anularon la decisión. Afortunadamente, la segunda orden llegó a la isla justo a tiempo para salvar la vida de sus habitantes.

A veces, cuando se temía que un buen orador estuviera influyendo demasiado en la Asamblea, la gente votaba por el ostracismo. Se invitaba a que todos escribieran en un *óstrakon*, un trozo de alfarería, el nombre de los hombres que ellos creían que no estaban actuando correctamente. Si votaban más de 6000 personas, el hombre que obtenía más votos era expulsado durante 10 años de la ciudad.

> "Hay una clase de personas en Atenas, señores, que se destaca al proclamar los derechos de los demás en esta Asamblea. Mi recomendación para ellos es sencilla: cuando les hablan a los demás, deberían preocuparse por hacer justicia a Atenas. Así comenzarían por cumplir con su propia obligación..."
>
> — *Demóstenes* —

## CUMPLIR CON EL DEBER

De la misma manera en que hoy en día algunas personas no se molestan en votar en las elecciones, a algunos griegos no les agradaba cumplir con sus deberes democráticos. Esta gente era tratada con severidad. Mientras se llevaba a cabo una asamblea, un grupo de esclavos recorría las calles buscando a los que estuvieran tratando de evitar su presencia en la reunión. Cada esclavo llevaba una soga mojada con pintura roja, y marcaba al que encontraba tratando de evadirse de su responsabilidad, como una forma de ridiculizarlo ante los demás. Los transgresores tenían también que pagar una multa.

*Aunque todos los ciudadanos tenían la posibilidad de hablar e influir sobre la decisión tomada, la democracia ateniense no siempre era justa. Una simple derrota en tiempos de guerra o un desastre inesperado como una plaga o hambre, podía producir pánico y que la caprichosa plebe se pusiera en contra de sus líderes, incluso de uno tan grande como Pericles. Algunos atenienses se quejaban de que la gente pobre e ignorante tuviera tanto poder. Pero la mayoría de ellos apreciaba el sistema.*

*Medidas oficiales para pesar cereal, vino, aceite y otras mercaderías. Con ellas se evitaban los engaños y ayudaban a los funcionarios a manejar las discusiones entre los comerciantes y sus clientes.*

*La espléndida* ágora *ateniense, un gran mercado al aire libre, donde los granjeros y artesanos vendían sus productos. Los puestos se colocaban en la zona abierta y también en el interior de los grandes edificios con columnas, llamados* estoas.

**E**l gran espacio abierto conocido como *ágora*, era el lugar público de reuniones de una ciudad griega. Este ámbito estaba cuidadosamente protegido; tenía límites de piedras a su alrededor y nadie podía construir en su interior.

### ¿EXHIBICIÓN DE PODER?

El *ágora* de Atenas, que estaba rodeada de varios edificios públicos, tenía un aspecto imponente. Pero éste no era el caso de todas las ciudades-estado; el *ágora* de Esparta era particularmente triste y poco interesante. El historiador Tucídides afirmó que si Esparta quedaba desierta, nadie que la visitara podría creer lo poderosa que había sido en otra época.

### PRESIDENTE POR UN DÍA

Algunos de los edificios que se encontraban alrededor del ágora de Atenas eran residencia del gobierno. Sin embargo, la Asamblea era tan numerosa (para que se realizara la sesión tenían que estar presentes por lo menos 6000 ciudadanos), que tenía que reunirse en las afueras de la ciudad, en una colina llamada Pnyx.

La Asamblea se citaba cada diez días para aprobar leyes. La redacción de las mismas la realizaba el consejo o *bulé*, que se reunía en uno de los edificios del ágora, el *Buleuterión*. El consejo estaba integrado por 500 hombres, elegidos por sorteo, 50 de cada una de las 10 tribus en las que estaban divididos políticamente los ciudadanos de Atenas. Sin embargo, el consejo aún era demasiado numeroso, así que cada grupo de 50 hombres, *pritanos,* se turnaban para liderarlo como un comité ejecutivo, el *Pritaneo,* que se reunía todos los días, en los que se elegía un nuevo presidente, que durante esa jornada ejercía la suprema autoridad del estado ateniense y tenía el poder de declarar la guerra Un hombre podía hacer esto sólo una vez en su vida.

Durante su período de mandato, el comité ejecutivo vivía en el Tolos o edificio del Pritaneo. Diecisiete miembros del comité dormían cada noche en el Tolos, de manera que siempre había alguien de guardia en caso de emergencia. Las comidas habituales eran consideradas como gasto público. Se han encontrado trozos de alfarería con las letras "DE", abreviatura de *demosion* ("público"), presumiblemente para que los miembros del Pritaneo no se llevaran a su casa objetos de la vajilla oficial.

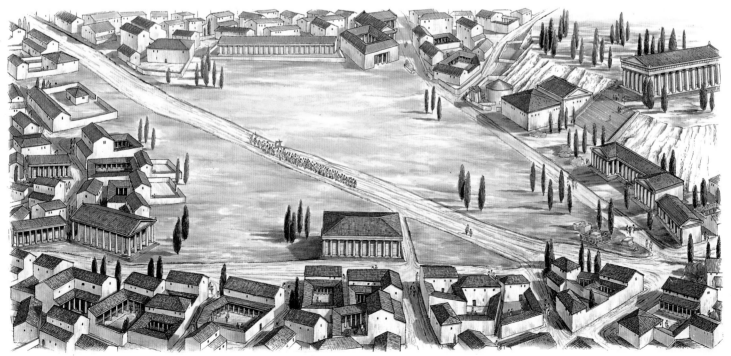

# EL ÁGORA DE ATENAS

1 **Buleuterión** (cámara del consejo)
2 **Asientos para el consejo de los 500** (*bulé*)
3 **Tolos**
4 **Camas**
5 **Mesas para comer**
6 **Antiguo Buleuterión**
7 **Registros públicos y documentos del Estado**

## Edificios gubernamentales

Estos tres edificios gubernamentales estaban en los bordes del *ágora* ateniense. El antiguo Buleuterión, construido alrededor del año 500 a.C., era el lugar donde antes se reunía el consejo o *bulé*. Se dejó de emplear como cámara de debate en el año 400 a.C., después de lo cual se utilizó para guardar registros públicos y documentos del Estado. Entonces el *bulé* se reunió en el nuevo Buleuterión.
El Tolos era donde comían y dormían los pritanos. Atrás tenía una cocina y un baño. El Tolos también era el lugar donde se guardaban los pesos y medidas legales. Cinco funcionarios se elegían por sorteo para asegurar que se emplearan medidas justas. Deben de haber estado muy ocupados, ya que muchos comerciantes colocaban sus puestos alrededor del *ágora*, y se empujaban para obtener la mejor ubicación.

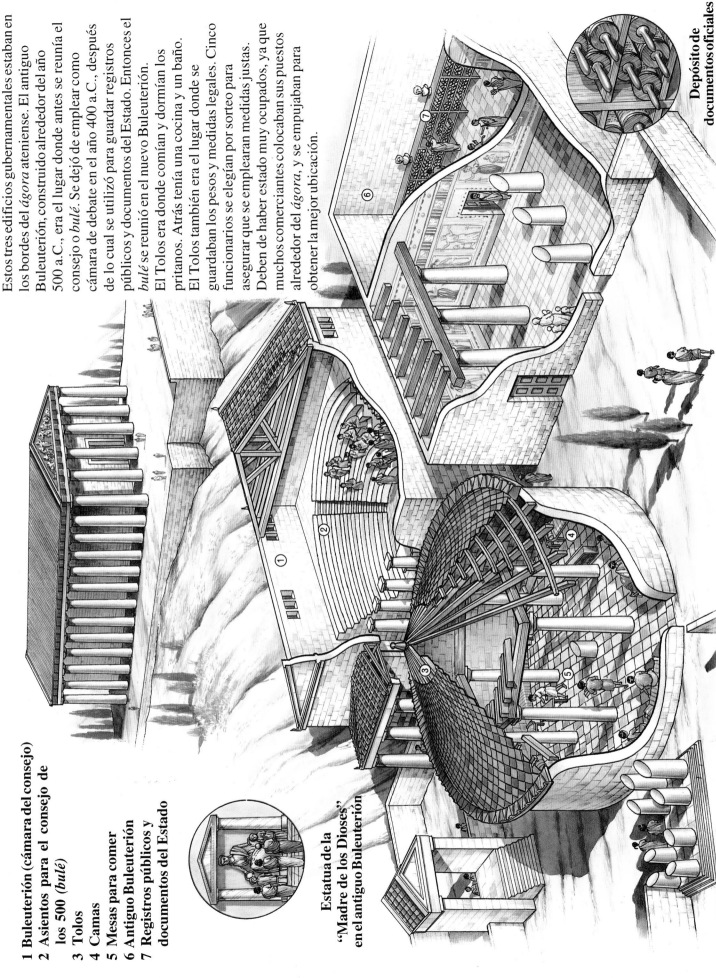

Estatua de la "Madre de los Dioses" en el antiguo Buleuterión

Depósito de documentos oficiales

# CIENCIA Y FILOSOFÍA

*Exvotos encargados por pacientes que agradecían a los dioses su curación.*

*Muchos griegos anteponían sus creencias supersticiosas y desconfiaban de los filósofos, pero otros querían discutir las nuevas ideas.*

**A** los griegos les encantaba hablar y discutir cuando se sentaban para protegerse del sol en los edificios del mercado que se encontraban alrededor del *ágora*. **Debatían sobre todos los aspectos del mundo que los rodeaba, cómo funcionaba, el significado de la vida y la naturaleza del comportamiento humano. A este estudio lo llamaban filosofía, "el amor a la sabiduría".**

### TEORÍA Y OBSERVACIÓN

El amor a la sabiduría condujo a algunos griegos al primer descubrimiento de muchas de las leyes científicas y principios de la naturaleza. Y lo realizaron a través de una cuidadosa observación y cálculo.

El sabio Arquímedes, por ejemplo, observó que el nivel del agua subía y bajaba, según él entrara o saliera de su bañera. Comprobó que cada vez que entraba, su cuerpo desplazaba su propio volumen en agua. Fue así que exclamó su famosa "¡Eureka!", que significa: "¡Lo encontré!"

Continuó sus experiencias hasta demostrar que lo mismo sucedía con cualquier objeto puesto en el agua.

Otros griegos querían ir más allá de la observación y trataron de comprender el significado subyacente del mundo físico. ¿De qué estaba hecho el mundo? ¿Las cosas realmente se movían, o sólo parecía que se movían? Los griegos estaban fascinados por muchas de las mismas preguntas que los físicos se formulan hoy en día. Algunas de sus conclusiones eran equivocadas, otras notablemente precisas. Una de las teorías que ahora se acepta como verdadera fue propuesta por el sabio griego Leucipo de Mileto. Él sugirió que el universo estaba compuesto por una cantidad infinita de partículas diminutas unidas en diferentes combinaciones y siempre en movimiento. Los experimentos modernos le han dado la razón.

*Este dispositivo mecánico, inventado por Arquímedes para sacar agua de un río, fue una de las pocas contribuciones que los griegos llegaron a dar a la tecnología.*

## LA NUEVA MEDICINA

El mismo acercamiento científico también comenzó a utilizarse en la medicina. Hipócrates fue uno de los primeros médicos que no consideró a la enfermedad sólo como un castigo de los dioses. Examinaba a sus pacientes para ver qué les sucedía y trataba de prescribir tratamientos prácticos y adecuados. Las ideas de Hipócrates eran sorprendentemente modernas. Siempre comenzaba cada tratamiento averiguando todo lo que podía sobre el paciente: edad, tipo de trabajo e incluso conducta y hábitos de sueño. Hacía esto antes de preguntarle los síntomas de su enfermedad. Hipócrates dio su nombre al "Juramento Hipocrático", por el cual los médicos prometían obrar en consideración al mejor interés de sus pacientes. Todavía hoy se mantiene una versión de aquel juramento.

## MATEMÁTICA

Los griegos también establecieron algunas reglas básicas de la matemática. Pitágoras de Samos experimentó con modelos, utilizando guijarros sobre la arena hasta que finalmente enunció su famoso teorema sobre la longitud relativa de los lados de un triángulo rectángulo. También advirtió que las notas de la escala musical están matemáticamente relacionadas con la duración al pulsar una cuerda o la duración al soplar una flauta.

## EL USO DE LA CIENCIA

Aunque los griegos realizaron contribuciones tan importantes para el desarrollo del conocimiento científico, no mostraron mucho interés en la tecnología, es decir en poner en práctica ese conocimiento.

Sin embargo, quisieron mostrar que la ciencia debía ser tomada seriamente. Tales de Mileto aplicó sus conocimientos sobre el clima con efectos prácticos: determinó un período de tiempo favorable y juzgó que la cosecha de aceitunas sería muy buena, así que compró tantos lagares como pudo para prensarlas y obtener aceite, consiguiendo así una generosa ganancia.

## LOS PELIGROS DEL PENSAMIENTO

Las cualidades de curiosidad e imaginación de algunos griegos no siempre fueron valoradas por otros. El famoso filósofo Sócrates pensó que el hombre más sabio era aquel que sabía que no sabía nada.

Pero cuando trató de convencer a sus amigos atenienses de que ellos tampoco sabían nada, esto les molestó mucho.

Sócrates fue condenado a muerte por ofender a los dioses y corromper a la juventud, según lo acusaron sus opositores y obligado a beber, como castigo una copa de cicuta, jugo que se extrae de una planta venenosa.

*Sócrates, uno de los más grandes pensadores griegos, guiaba a la gente a la verdad, formulándole preguntas y dejando que las respondieran según su entendimiento.*

*En la parte de atrás de este relieve, el paciente es mordido por una víbora. En primer plano el médico lo está curando.*

# JUEGOS Y DEPORTES

*Originalmente, esta figura de tamaño natural de un cochero estaba en un carro tirado por cuatro caballos.*

**Para los griegos era tan importante desarrollar el cuerpo como la mente. Un buen ciudadano comenzaba a intervenir en los deportes y juegos durante su juventud, y se esperaba que continuara mientras fuera físicamente capaz.**

## UN JUEGO DE MUJERES

Las mujeres y las jóvenes no tenían la posibilidad de participar en un deporte; en Atenas, el juego que las niñas practicaban era la taba, que pasó a ser conocido como un juego de mujeres, pero los juegos de azar les gustaban a todos. Aún podemos ver tableros marcados sobre los asientos de mármol de los antiguos teatros griegos; seguramente a la gente le gustaba compartir juegos de mesa mientras esperaba que comenzara el espectáculo. Al parecer, el hockey sólo lo practicaban los hombres. Sin embargo, los juegos de equipo no eran populares. Los griegos apelaban al deporte para alentar a los individuos a que se superaran, particularmente en las competencias atléticas.

*La taba, popular entre las jóvenes y las niñas, se jugaba con huesos de carnero o vaca. Se arrojaban al aire, luego se tomaban y se sostenían con el revés de la mano.*

## CARRERAS

Probablemente el deporte más popular era la carrera. Los griegos corrían unos contra otros sobre arena para hacerlo más difícil. Al igual que en el atletismo moderno existían distintas distancias: simple (la longitud de un estadio, alrededor de 200 m); doble (dos largos); y la carrera larga (a veces 24 estadios, o 4000 m). Había una carrera en la que se corría con armadura. El principal propósito de todos estos ejercicios era mantener a los hombres en forma para servir en el ejército. La carrera pedestre, llamada, maratón, muy popular hoy en día, *nunca* la corrieron los griegos. Toma su nombre de la distancia de 42 km que realizó un mensajero hasta Atenas para llevar la noticia de la victoria de la batalla de Maratón contra los persas (ver págs. 42 y 43).

## LUCHA Y BOXEO

Los griegos le daban gran importancia a la habilidad para la lucha porque el deporte requería una combinación de fuerza, flexibilidad y presencia de ánimo. Las competencias se llevaban a cabo sobre polvo y barro, el polvo facilitaba tomar al adversario mientras que el barro lo dificultaba. Para ganar, un hombre tenía que colocar a su adversario tres veces de espalda (de manera que sus hombros tocaran el suelo).

En el boxeo, los rivales se protegían con un casco de bronce. Esto era muy necesario ya que los competidores usaban correas de cuero tachonadas con metal. Los resultados de estas competencias eran sangrientos.

Peor aún era el *pancracio*, una combinación de lucha y boxeo, en la cual cada hombre podía tomar y golpear a su adversario, hacerle zancadillas, darle puntapiés e incluso estrangularlo, pero no se permitía morder.

## EL PENTATLÓN

En el pentatlón los atletas tenían que intervenir en cinco eventos diferentes (en griego, *penta* significa cinco). Además de carrera y lucha, había salto en largo, lanzamiento del disco y lanzamiento de la jabalina. En los juegos de la antigua Grecia no había competencias de salto en alto. No está claro qué técnica se utilizaba para el salto en largo, las distancias registradas son bastante grandes, así que debe de haber sido una carrera, detenerse y saltar, en lugar del moderno salto en largo. Los participantes de este deporte también llevaban pesos de piedras o metal, que se movían hacia adelante cuando los atletas saltaban para incrementar el movimiento.

Nadie sabe realmente cómo se valoraba el pentatlón, al parecer sólo los ganadores de las competencias de salto en largo, disco y jabalina podían participar después en la carrera y la lucha.

## DEPORTES CON ANIMALES

A los griegos no les parecía mal el uso de animales en los deportes. Para las peleas se utilizaban gallos, perdices y codornices, y se realizaban apuestas sobre los resultados.

El único deporte con animales que era popular, aunque sólo los ricos podían intervenir, era la carrera de carros. El premio de estas competencias era para el dueño del caballo, no para los conductores, y esto les daba una rara posibilidad de intervención a las mujeres. Kyniska, hermana de un rey espartano, fue la primera mujer dueña de caballos de carreras en Olimpia.

*Cada cuatro años se detenían todas las batallas mientras se llevaban a cabo los Juegos Olímpicos, dedicados a Zeus. Incluían carrera de carros, carrera pedestre, lucha y boxeo. Cada ganador recibía una sencilla corona de laureles.*

# FESTIVIDADES RELIGIOSAS

*Espartanas bailando alrededor de una vasija de vino, probablemente como parte de una ceremonia relacionada con la adoración de Dionisos, dios del vino.*

*Parte del friso del Partenón donde se ve la gran fiesta panatenea que tenía lugar cada cuatro años. Este novillo va a ser sacrificado en honor a la diosa.*

**C**omo el entrenamiento físico era considerado tan importante, las festividades que se realizaban para adorar a los dioses y diosas griegos siempre contaban con varios espectáculos atléticos, y también con procesiones, ritos y rituales.

## OLIMPIA

Algunas festividades religiosas consistían casi exclusivamente en competencias atléticas. Los famosos juegos que se llevaban a cabo cada cuatro años en Olimpia estaban dedicados al dios Zeus. Éstos eran juegos panhelénicos, lo cual significaba que podían intervenir todos los griegos. Para la ocasión se enviaban heraldos para que proclamaran una tregua a través de todo el mundo griego, y cesaban todas las luchas.

Otros juegos panhelénicos incluían los que tenían lugar en Delfos, en honor del dios Apolo; en Istmia, en honor de Poseidón, y en Nemea, en honor de Zeus. Los cuatro eran conocidos como un circuito, y algunos atletas viajaban de un lugar a otro para intervenir en todos.

## ¿GANAR O INTERVENIR?

A menudo, las festividades locales también tenían un elemento deportivo. En Atenas, por ejemplo, en las fiestas panateneas, en honor de la diosa Atenea, se llevaban a cabo varias carreras en el *ágora*, incluyendo una particularmente peligrosa, que requería subir y bajar de un carro en movimiento.

Aquí los premios para los ganadores eran vasos llenos con aceite de oliva del Ática. Ésta era una buena manera de promocionar los productos de la ciudad. Sin embargo, nada se comparaba con la gloria de ganar en Olimpia, donde el premio era simplemente una corona de laureles.

## PROCESIONES

El centro de las Panateneas era la procesión, una parte importante de la mayoría de las festividades griegas. Al igual que un acto oficial moderno, requería una gran organización; cada uno tenía que estar en el lugar correcto, con la ropa apropiada y llevando las vasijas y canastos correspondientes. Los músicos y los cantantes también eran esenciales. Las procesiones como ésta eran la mejor oportunidad que tenían las mujeres para aparecer en la vida pública. El gran espectáculo de la procesión panatenea era la nueva túnica para la estatua de Atenea, que era traída como una bandera atada al mástil de un barco. Las mujeres que habían tejido esta gran túnica representaban un papel importante en la procesión.

## SACRIFICIOS

La festividad panatenea siempre terminaba con un sacrificio. Los sacrificios humanos se practicaron en Grecia en las primeras épocas y probablemente continuaron en la Época Clásica, en las zonas rurales. Pero en general se sacrificaba un animal: vaca, oveja o cabra. Algunas partes del mismo se dedicaban al dios, pero eran las partes menos apetecibles. El resto del animal se cocinaba y se comía, un placer poco común para la mayoría de los griegos.

*Las flautas dobles* (aulo) *se ejecutaban en las celebraciones y procesiones. Las flautas tenían lengüetas como un oboe moderno y se sostenían en la boca con una tira de cuero.*

*El momento culminante de las fiestas panateneas era la procesión que llevaba la nueva túnica para la estatua de Atenea, alojada en el Erecteón. La túnica era atada al mástil de un barco, que era trasladado por la ciudad sobre rodillos.*

## FIESTAS POPULARES

Aun en la sobria Esparta, las celebraciones se tomaban con seriedad. En la primavera, antes de que comenzara la siembra, había una ceremonia en la que un coro de jóvenes, elegidas de las mejores familias, daba la bienvenida al amanecer. A pesar de su entusiasmo por la guerra, los espartanos se negaron a presentarse a tiempo en la batalla de Maratón porque estaban celebrando la festividad de la Luna Llena. Atenas también estaba orgullosa de sus casi 150 días al año, dedicados a las festividades. Sin embargo, los padres responsables estaban preocupados porque sus hijos tenían demasiados días sin clases.

# EL TEATRO

*Un modelo de terracota de un actor cómico interpretando a un esclavo. Lleva una máscara de lino endurecido.*

**A**ctualmente ir al teatro o a la iglesia son actividades consideradas muy diferentes. Pero la representación de obras era una de las maneras en la que los griegos honraban a sus dioses. Dionisos era el dios del vino y del teatro ya que ambas cosas eran formas especiales de transportar a la gente más allá de sus experiencias comunes.

## CANTO Y DANZA

El drama se desarrolló a partir de las danzas y canciones ejecutadas durante la adoración de Dionisos. Las obras se presentaban en un terreno circular, llamado *orchestra*, que en griego significa "lugar para la danza", quizás en un principio éste era el sitio para trillar el cereal en las aldeas griegas.

En cualquier obra griega siempre tenían un papel importante el *coro* de cantantes y los bailarines. Sin embargo, poco a poco, el actor principal se separó de ellos para describir algunos hechos de la vida del dios. Éste fue el comienzo de la actuación. Pero no había más que tres actores y a menudo las canciones y los bailes se intercalaban en cada escena. Por esto una visita al teatro, en la antigua Grecia, era como ir actualmente a la ópera.

## AUTORES Y PREMIOS

Las obras, al igual que los deportes y los juegos, se representaban en forma competitiva. A veces, las pruebas en Atenas duraban cuatro días e intervenían tres escritores de tragedia y tres de comedia. Se entregaban premios a los autores de las mejores obras, originalmente un carnero a la tragedia, y una canasta de higos y un ánfora con vino a la comedia. Luego, los escritores exitosos fueron coronados con laurel, como si fueran atletas.

---

"En realidad, lo mejor de todo, es estar vestido con plumas.
Sólo la imaginación, querido espectador, te pondrá alas.
No necesitarás, fatigado o hambriento, pertenecer al coro trágico.
Sencillamente, cuando te aburras, despliega tus alas y vuela. Regresa, después del almuerzo, a disfrutar de nuestra comedia."

--- *Aristófanes* ---

*Actores griegos en una obra. Los dos, de la derecha, que están unidos por una túnica para representar a un caballo, interpretan a un centauro llamado Quirón.*

# UN TEATRO GRIEGO

1 *Orchestra* (orquesta)
2 *Skene* (escenario)
3 Grúa
4 *Proskenion* (proscenio)
5 Panel móvil
6 Decorado
7 *Theatron* (lugar para el público)
8 Asientos de los jueces
9 Altar
10 Actores
11 Camarín

**Esquema del teatro**

## Teatro con máscaras

Los primeros teatros de la antigua Grecia eran laderas de colinas descubiertas que luego se convirtieron en algo más elaborado. Al aire libre, los cambios de escena y la iluminación eran muy limitados. El decorado era una lona pintada que se colgaba en el escenario de madera o *skene*. La acción se llevaba a cabo en la *orchestra*, o sobre una plataforma frente al *skene*, llamada *proskenion* (proscenio). No había actrices; los hombres interpretaban los roles femeninos. Ésa era una de las razones de que todos usaran máscaras, porque también ayudaban a proyectar las voces al público.

# DIOSES Y DIOSAS

*Dionisos, dios del vino, haciendo crecer una vid de la cubierta de su barco y convirtiendo a sus piratas en delfines.*

*Un jarrón donde se ven algunas de las hazañas del héroe Teseo. Entre ellas se ve a Teseo cazando al jabalí de Calidonia, y en el centro, matando al legendario Minotauro.*

**L**os griegos sabían que aunque un hombre quisiera mucho a sus hijos, fuera regularmente al *gimnasio* y participara activamente en la vida política de su ciudad, no tenía control sobre los acontecimientos. Existían fuerzas invisibles, que los griegos llamaban *moiras,* que simbolizaban la fatalidad que dispone de los destinos humanos y nadie podía prever lo que le tenía reservado el futuro.

## LOS OLÍMPICOS

Los griegos creían en la existencia de varios dioses y diosas que tenían poder sobre el destino. Por lo tanto había que mantenerlos felices para asegurarse el éxito y la buena fortuna.

Todas las actividades más importantes del mundo griego (juegos, acontecimientos teatrales, procesiones y sacrificios) estaban dedicados a un dios u otro, y esto dependía de las costumbres locales.

En Grecia se adoraban muchos dioses y diosas diferentes, pero había doce que eran particularmente importantes. Estos dioses vivían en el monte Olimpo, la montaña más elevada de Grecia, situada al noreste. Su dieta especial de néctar y ambrosía impedía que envejecieran y murieran.

Al frente del Olimpo estaba el señor omnipotente, el dios más poderoso: Zeus. Su hermano Poseidón era soberano del mar y su hijo Apolo, que era adorado en Delfos, era el dios de la música. Hefestos era el dios de los herreros, y Ares, el dios de la guerra, aunque no era tan importante como lo indicaba su título. Hermes, con sus sandalias aladas, era el dios de los mensajeros a la par que el guía de las almas en la vida ultraterrena.

Entre las diosas, Hera, la esposa de Zeus era la diosa del matrimonio; Artemisa, la diosa de la Luna y protectora de las jóvenes. Afrodita, diosa del amor, era la más femenina, todas ellas muy diferentes de Atenea, diosa de la guerra. La gentil Vesta, hermana de Zeus, era la diosa del hogar, mientras que Deméter, otra hermana, era la diosa de las plantas, personificando a la fertilidad.

## FORMAS DIFERENTES

Todos los griegos adoraban a los mismos dioses del Olimpo, pero con frecuencia de maneras diferentes. En Brauron, Ática, la diosa Artemisa era adorada como la diosa de la caza y de las jóvenes. Sin embargo, en Éfeso, la misma Artemisa era la diosa a la que las mujeres mayores acudían cuando querían tener hijos. En religión como en política, los griegos mantenían una independencia de criterio.

## "ARRUINADO" Y "LO LAMENTO"

Los griegos no siempre tomaban seriamente a los dioses. Cuando los atenienses exigieron dinero a los isleños de Andros, les dijeron, bromeando, que tenían que pagar porque en Atenas había dos dioses poderosos: "Por favor", y "Será mejor". Los andrianos les respondieron que su isla era tan pobre que los únicos dioses que tenían eran dos que se negaron a irse: "Arruinado" y "Lo lamento". En otras palabras, las amenazas eran inútiles ya que los isleños no tenían nada para pagarles a los atenienses.

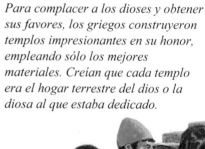

*Para complacer a los dioses y obtener sus favores, los griegos construyeron templos impresionantes en su honor, empleando sólo los mejores materiales. Creían que cada templo era el hogar terrestre del dios o la diosa al que estaba dedicado.*

## CONFUSIÓN

Los griegos contaban muchas historias sobre cómo los dioses, bajo apariencia humana, bajaban a la tierra provocando problemas. Esto era especialmente cierto en el caso de Zeus, ya que a veces se enamoraba de las mujeres comunes y se las llevaba, enfureciendo a su esposa Hera.

Estas historias muestran que los dioses griegos no eran considerados como seres que le enseñaban a la gente la diferencia entre el bien y el mal. Se comportaban de manera muy similar a los humanos, festejaban, se enamoraban y engañaban. La mayoría de los griegos no le rogaba a sus dioses pidiéndoles bondad, paciencia y comprensión, sino le pedían mayor protección sobre sus vidas.

## RELIGIONES MISTERIOSAS

Sin embargo, existían algunos cultos que tenían que ver con temas más serios de la vida y la muerte y sobre qué sucedía después de ella. Se llamaban religiones misteriosas porque no se conocen en detalle. Sus adoradores habían jurado mantener el secreto. El culto de la diosa Deméter protectora de la fertilidad de la tierra, y de su hija Perséfone, original de Eleusis, era uno de los más populares.

*Ganímedes era hijo del rey Tros, que dio su nombre a Troya. Zeus raptó al niño y lo hizo su sirviente.*

35

# TEMPLOS Y ORÁCULOS

Los griegos dedicaban mucho tiempo y esfuerzo para mantener contentos a sus dioses. Se acercaban a ellos con toda tranquilidad, tal como lo hacían ante un poderoso rey terrenal. La gente les pedía en todas partes, aunque había determinados lugares, como cuevas o cimas de las montañas, que se consideraban sagrados. Los templos eran lugares de adoración especialmente construidos, y creían que los dioses los empleaban como sus hogares en la tierra.

### UN HOGAR PARA UN DIOS
Los templos se parecían mucho en todo el mundo griego. Todos tenían el mismo trazado: una habitación principal o *cella*, donde se guardaba la estatua del dios; una habitación más pequeña atrás, que ocupaba vasijas y túnicas sagradas; una hilera de elegantes columnas alrededor de todo el edificio y un altar de piedra colocado afuera, a la entrada de la *cella*.

Tenían sumo cuidado en las proporciones del edificio, los templos, como el Partenón de Atenas, eran construidos de manera que cada línea pareciera recta a la vista. Las decoraciones incluían frisos de esculturas con escenas mitológicas, a menudo pintadas con brillantes colores. Los templos griegos estaban diseñados para ser vistos desde el exterior; todos los rituales se llevaban a cabo afuera, alrededor del altar.

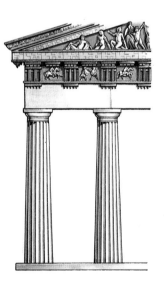

*Columnas de estilos jónico (arriba) y dórico (abajo). Se utilizaban para sostener los techos de la mayoría de los magníficos templos griegos.*

*Una tabla con una demanda para el oráculo: "Hermon pregunta a qué dios debe rogarle para tener hijos sanos de su esposa Cretaia, además de los que ya tiene".*

*Un hombre consulta a la pitonisa, sacerdotisa que interpretaba los oráculos en el templo de Apolo, en Delfos. Anunciaba sus profecías después de inhalar un vapor especial, que quizá provenía de las grietas de la roca en la cual se sentaba, para ponerse en trance.*

### SACERDOTES Y SACERDOTISAS
Los sacerdotes y sacerdotisas se elegían para que los dioses fueran bien cuidados, como así también sus templos y lugares sagrados. Sus obligaciones variaban de acuerdo con la popularidad del culto del dios; los sacerdotes de los famosos santuarios de curación, como el de Esculapio en Epidauro, pasaban todo su tiempo arreglando el lugar para los cientos de visitantes.

Estos sacerdotes y sacerdotisas eran hombres y mujeres comunes que no estaban especialmente ordenados, como hoy en día, y con frecuencia su tarea se conservaba en la familia y pasaba de generación en generación. Sin embargo, todas las decisiones importantes sobre el culto las tomaba el gobierno de la ciudad-estado, a través de sus magistrados o de la asamblea de la gente.

## ORÁCULOS

Además de realizar sacrificios y diferentes rituales para complacer a sus dioses, a veces, los griegos les pedían consejo directamente para que los guiaran en asuntos difíciles. Esto lo hacían en los oráculos sagrados, de los cuales el más famoso se encontraba en Delfos.

El oráculo de Delfos era consultado por visitantes que venían de todo el mundo griego y recibía muchos tesoros de creyentes agradecidos. En Delfos, el dios Apolo podía ser consultado a través de una sacerdotisa llamada *pitonisa*, que se sentaba en un banquillo de tres patas, en la abertura de una roca.

La pitonisa siempre estaba en trance cuando la consultaban, quizá por los vapores que salían de la roca. El interesado le formulaba la pregunta y ella le daba una respuesta tan confusa en su significado, que tenía que ser interpretada por los sacerdotes.

### UNA PROFECÍA FAMOSA

Delfos produjo algunas profecías muy famosas. Una vez, Creso, el opulento rey de Lidia, le preguntó si debía invadir un país extranjero.

La respuesta fue: "Si lo haces, destruirás un gran Imperio". Creso olvidó preguntar a qué Imperio se refería. Invadió el país, fue derrotado y su propio Imperio completamente destruido.

Creso hizo todo lo posible para averiguar si podía confiar en el oráculo. Envió mensajeros a todos los oráculos del mundo griego preguntándoles qué haría en un día determinado. El día en cuestión, mató una tortuga y un cordero con sus manos y los hirvió juntos en un caldero de bronce. El oráculo de Delfos resultó ser el único que dio la respuesta correcta.

### ¿DADOS U HOJAS DE ENCINA?

Los oráculos que consultaron los mensajeros de Creso usaron varios métodos para adivinar el futuro. Arrojar los dados o adivinar la suerte era un método fácil si una persona quería un sí o un no como respuesta. Para consultar a Apolo en Patara, Licia, le pedían a la gente que mirara fijo la superficie de un manantial. En Dodona, al norte de Grecia, le indicaban que escuchara la voz de Zeus a través del murmullo de las hojas de la encina sagrada.

Una forma más común de adivinar el futuro era estudiar el vuelo de los pájaros. Algunos de ellos estaban relacionados con un dios en particular, por ejemplo, la lechuza con Atenea. Por supuesto, había algunos incrédulos, en su obra *Los Pájaros*, Aristófanes se burla de sus conciudadanos por su fe en los oráculos y presagios. No obstante, no era extraño que hasta los gobernantes de las ciudades-estado consultaran ocasionalmente los oráculos.

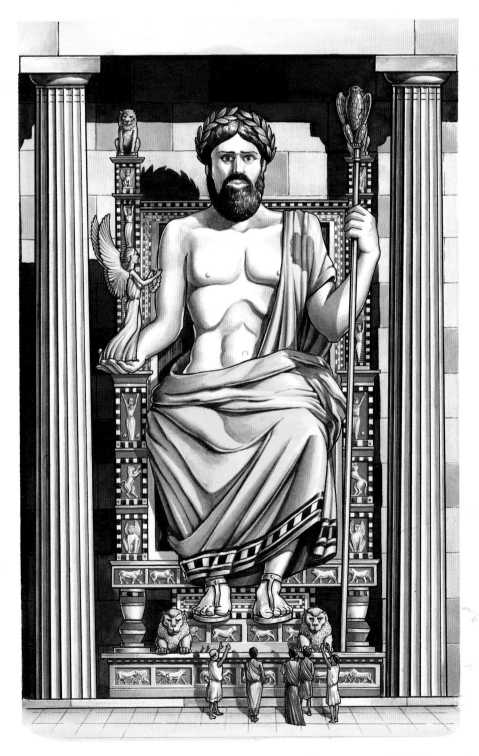

*La estatua de Zeus, que se encontraba en el templo de Olimpia, fue creada por el escultor Fidias. La figura del dios, una de las siete maravillas del mundo, tenía 12 metros de altura, piel de marfil y túnica de oro.*

# MUERTE Y ENTIERROS

*El perro de tres cabezas conocido como Cerbero o Cancerbero, cuidaba la entrada de los infiernos para evitar que los vivos entraran y que se escaparan las almas de los muertos.*

**L**os griegos no eran personas que se preocuparan particularmente por la muerte, estaban mucho más concentrados en vivir intensamente. Sin embargo, creían en el alma, y realizaban varios rituales para preparar a sus familiares muertos para su viaje a las profundidades, un reino subterráneo que creían que era el último lugar de descanso de todos los mortales.

### ARREGLOS FUNERARIOS
Cuando moría alguien, primero le lavaban el cuerpo y lo untaban con aceite. Luego las mujeres de la familia lo vestían con una túnica blanca y colocaban el cuerpo en exhibición para que lo vieran los parientes y amigos.

Al día siguiente, antes de que saliera el sol, partía la procesión fúnebre para acompañar el cuerpo hasta el lugar del entierro. Sólo podían intervenir los familiares más cercanos, pero las mujeres de más de 60 años estaban eximidas de esta regla, así que a menudo actuaban como plañideras profesionales, golpeándose el pecho y llorando. Al igual que otras procesiones griegas, todo esto estaba acompañado con una música muy triste.

### ESPÍRITUS ERRANTES
La tumba era muy importante para los griegos sin ella el alma de la persona muerta podía perderse para siempre. Sin embargo, si la muerte era repentina, y no había una tumba disponible, ellos creían que arrojando tres puñados de tierra sobre el cuerpo podían evitar que el espíritu se extraviara.

Adentro de la tumba dejaban comida y bebida, al igual que objetos usados por el muerto. Se encontraron algunas tumbas con tubos que provenían del exterior, a través de los cuales podían hacer llegar más comida y bebida. Después del funeral, la familia regresaba a la casa para una cena especial; el período de duelo duraba treinta días.

### FUNERALES ESPARTANOS
Los funerales eran más tranquilos; no había exhibición de duelo y no embalsamaban el cuerpo. El entierro se realizaba dentro de la ciudad, para que los jóvenes se acostumbraran a enfrentarse con la muerte sin miedo.

No enterraban objetos ni comida con la persona muerta, y el período de duelo se limitaba a once días.

## CRUCE DEL RÍO

Después del entierro, el alma era llevada por el dios Hermes hasta uno de los lugares de cruce entre el mundo de los vivos y el de los muertos. Creían que debía atravesar la laguna Estigia y el río Aqueronte, en Arcadia.

Entonces, había que pagar un óbolo para que Caronte, el barquero, la transportara. Por eso era costumbre que los familiares le colocaran una moneda en la boca a la persona muerta, antes del entierro.

Aristófanes utiliza el cruce simbólico del Estigia como marco de *Las Ranas*, una de sus comedias.

En la obra, un coro de ranas en la laguna croan mientras el dios Dionisos es transportado, vestido como el héroe Hércules, y fingiendo ser valiente.

## LOS JUICIOS DE LA MUERTE

Del otro lado del río, los infiernos eran un lugar sombrío. La mayoría de la gente vagaba sin rumbo por los alrededores, aunque la que había sido buena durante su vida terrenal era enviada a los Campos Elíseos, un lugar de gran paz y felicidad.

A aquellos que habían sido malos les daban tareas imposibles e interminables. Sísifo, por ejemplo, tenía que llevar una pesada piedra hasta arriba de una colina, de donde volvía a caer sin cesar. Otro culpable, Tántalo, tenía que permanecer de pie con el agua hasta el cuello, sin poder calmar su sed. Cada vez que deseaba beber, el agua se apartaba de él.

El dueño de este triste reino era Hades quien, de acuerdo con el mito, una vez se llevó a Perséfone, hija de la diosa Deméter. Ésta le suplicó a Zeus, y Hades fue obligado a devolver a Perséfone, pero mientras tanto ella había comido seis semillas de granada, que la obligaban a permanecer en los infiernos durante seis meses del año. Los griegos creían que todos los años, su regreso al mundo de los vivos traía la primavera, y ésta era una manera de explicarse las estaciones.

*Objetos de terracota de la tumba de una niña: una muñeca sentada en un trono, un par de botas y un protector para los muslos (usado por las mujeres para preparar la lana).*

*Una procesión fúnebre recorre el camino hacia una tumba en las afueras de la ciudad. Los músicos tocan mientras las plañideras profesionales lloran y se golpean el pecho. Los familiares llevan algunos objetos de la persona muerta para dejarlos en la tumba y también aceite y tortas de miel para ofrendarles a los dioses.*

39

# LOS BARCOS GRIEGOS

El mar jugaba un papel muy importante en la vida de los griegos y el continuo progreso en el diseño de barcos fue lo que más despertó su interés por la tecnología. El barco era la máquina más complicada y esencial del mundo antiguo.

### BARCOS MERCANTES Y DE GUERRA
Los barcos mercantes necesitaban más espacio que velocidad; conocidos como barcos redondos por ser tan amplios y profundos, en realidad navegaban utilizando las velas y no los remos, que se usaban para maniobrar o cuando no había viento. Sin embargo, los barcos de guerra empleaban los remos porque eran muy livianos, angostos y de poca profundidad en el agua.

### PAREDES DE MADERA
Cuando el líder ateniense Temístocles persuadió a la gente de Atenas de que utilizara todas las ganancias de una mina de plata recientemente descubierta en Lávrion, para la construcción de una flota, quizá no comprendió la importancia de esta decisión para la historia griega. El oráculo de Delfos confirmó la sabiduría de esa decisión cuando el ataque de los persas era inminente: la pitonisa les dijo a los atenienses que "confiaran en sus paredes de madera".

*Esta tumba griega está decorada con la escultura de un hoplita sentado en la proa de un trirreme.*

*Un mosaico donde se ve un pequeño barco de guerra, con un espolón largo y puntiagudo en la proa. El ojo pintado era para ayudar al barco a que encontrara su camino.*

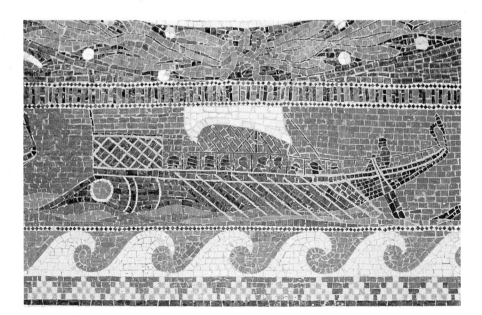

Los atenienses interpretaron que se refería a las "paredes de madera" de sus barcos, no a las fortificaciones que se encontraban rodeando la Acrópolis. Aceptaron el consejo del oráculo, y aunque tuvieron que sufrir el incendio de su ciudad, Temístocles les prometió: "Tendremos una ciudad mientras tengamos nuestros barcos". En la batalla de Salamina, en el año 480 a.C., él probó que tenía razón.

---

**"Los griegos eran como pescadores con una gran red llena de atunes atrapados: hombres heridos y aplastados por los remos rotos, restos del naufragio, todo lo que estuviera a mano. El mar estaba lleno de gritos y gemidos, hasta que cayó la noche y ocultó la tragedia. Podría hablar durante una semana y aún así no terminaría de contarles todo lo que vi. Pero una cosa es segura: nunca antes habían muerto tantos miles en un solo día."**

— *Esquilo* —

---

### TRETAS EN EL MAR
Salamina fue un significativo acontecimiento en la historia griega. Probablemente los persas, conducidos por su ambicioso rey Jerjes, superaban por tres a uno a los griegos, con 1000 barcos contra 380 de los griegos, que también eran más lentos. Sin embargo, Temístocles ideó un plan muy ingenioso: persuadió a los griegos para que colocaran sus barcos entre la isla de Salamina y el continente. Engañó a los persas haciéndoles creer que los griegos iban a tratar de escapar a través del canal de uno de los extremos, y los obligó a dividir su flota para cubrir ambas posibles rutas de escape. Cuando los persas avanzaron hacia esas aguas, su gran velocidad no les sirvió de nada: se produjo una sangrienta batalla y la flota persa fue completamente derrotada. Finalmente la invasión terminó un año después con otras dos victorias decisivas de los griegos: una del ejército dirigido por el espartano Pausanias, en la batalla de Platea, y otra de la armada en Micala, Asia Menor, donde la flota invasora fue destruida.

## UN TRIRREME GRIEGO

1 Hoplita
2 Cubierta principal
3 Remero
4 Viga de roble
5 Amarra de cáñamo
6 Lastre de piedras
7 Quilla de madera de ciprés

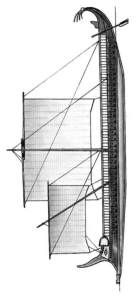

**Vista lateral del barco**

## Construido para la batalla

Las proas de los barcos de guerra griegos tenían forma de arietes, con una cubierta de cada lado, desde donde los soldados podían tratar de abordar las naves enemigas. Los barcos de guerra poseían velas, pero en las batallas siempre se utilizaban los remos para un mejor manejo. Se usaban de 30 a 50 remos. Los griegos les dieron mayor potencia agregándoles, primero una segunda hilera de remos y luego una tercera (trirreme). Los estudiantes e ingenieros navales modernos se interesaron en saber cómo funcionaba un trirreme. Esto los llevó a la reconstrucción de un tamaño natural y fue exitosa la prueba en el mar Egeo. Un trirreme llevaba 200 hombres: 170 remeros, 13 marineros, 10 soldados, y algunos oficiales. Los remeros no eran esclavos, aunque provenían del rango más bajo de la sociedad ateniense, los que no podían comprar la armadura que se necesitaba para el ejército.

# GRIEGOS EN LA GUERRA

**P**elear por su ciudad era considerado por todos los griegos un deber patriótico. El papel que cada uno tenía en las fuerzas armadas estaba directamente relacionado con su posición social. Los hombres ricos que podían tener un caballo se unían a la caballería; aquellos que tenían suficiente dinero como para comprar una armadura se convertían en hoplitas, soldados fuertemente armados. La gente más pobre servía como arqueros y honderos.

### LOS HOPLITAS

Los hoplitas eran la fuerza de combate clave en el antiguo ejército griego. Sus *hopla*, o armamento, consistían en una larga lanza, una espada corta, un yelmo con un penacho amenazador y un escudo redondo y pesado. Los hoplitas luchaban en una formación conocida como *falange*, formada por varias filas de hombres. Su táctica principal consistía en mantener unida la primera línea; el enemigo se enfrentaba con una pared de escudos entrelazados de la que sobresalían largas lanzas. Los hoplitas necesitaban mucho entrenamiento en esta forma de disciplina.

La táctica de lucha era ir hacia el enemigo y luego atacar con la intención de dispersarlo. Si esto fallaba, la lucha se libraba en combates cuerpo a cuerpo, lo que explica la gran diferencia de víctimas entre ambos bandos en las batallas de hoplitas. El lado que no mantenía su línea cerrada perdía muchos hombres, mientras que el otro sufría bajas menores. Este estilo de combate implicaba que cada hombre tenía que confiar en la valentía de sus compañeros, de la misma manera en que confiaba en su buen juicio para gobernar la ciudad. El combate griego debe de haber tenido mucho que ver con el carácter de la vida política griega.

### TRIUNFO INESPERADO

La primera gran prueba para el combate de los hoplitas se produjo cuando los persas invadieron Grecia. En la batalla de Maratón, en el año 490 a.C., el ejército ateniense venció

*Armado sólo con una lanza, y sin montura o estribos, un jinete no podía luchar con éxito contra soldados fuertemente protegidos con armaduras y lanzas.*

rotundamente a los persas y esto le dio una nueva confianza en sí mismo.

Este importante triunfo fue celebrado por muchos escritores griegos. El historiador Heródoto describe Maratón como la primera vez en que un ejército griego atacaba sobre la marcha. En su epitafio, Esquilo dice que sólo quería ser recordado por haber sido uno de los que habían luchado en la infantería, en Maratón.

### TRIUNFO EN LA DERROTA

La derrota de Esparta ante los persas en las Termópilas, en el año 480 a.C. tiene el mismo nivel de importancia que el triunfo ateniense en Maratón. Los espartanos rechazaron a los persas mediante sus brillantes tácticas; a veces fingían que huían para salvar sus vidas y se volvían con ferocidad contra los persas cuando éstos los atacaban. La derrota de los espartanos era casi inevitable, ya que los superaban ampliamente, pero su lucha valiente y brillante aumentó su temible reputación.

*Este relieve muestra a la diosa Atenea sufriendo por los guerreros atenienses que habían muerto en la batalla.*

## GRIEGOS CONTRA GRIEGOS

Toda esta valentía tuvo un amargo final en la Guerra del Peloponeso (431-404 a.C.), cuando Atenas y Esparta, con sus muchos aliados, enfrentaron sus fuerzas los unos contra los otros. La guerra no tuvo grandes batallas; los atenienses tenían una armada mejor que la de los espartanos, pero un ejército más débil. Atenas sufrió una serie de contratiempos, incluyendo una plaga devastadora que se desató en la ciudad en el año 430 a.C., y que mató a un cuarto de la población. Finalmente fue derrotada en el año 404 a.C., pero después de que Esparta construyó su propia flota utilizando el dinero persa. Sin embargo, las guerras entre las ciudades-estado continuaron, produciendo un constante desgaste de fuerzas. Los griegos no estaban preparados para la amenaza de un nuevo poder que se estaba gestando en el norte.

*Trescientos espartanos peleando con espadas rotas mantuvieron el control del angosto paso de las Termópilas contra 250.000 persas, durante dos días. Finalmente, los persas los rodearon y fueron derrotados.*

## LAS MARAVILLAS DE MACEDONIA

Así como el ejército invencible de los hoplitas contribuyó a la gran época de Grecia, su derrota la hizo concluir. En el norte, en Macedonia, se estaba entrenando una nueva clase de ejército. Esta infantería estaba armada con lanzas de 5 metros de largo, diseñadas para romper la pared hoplita antes de que sus lanzas los pudieran tocar.

Requirió mucha práctica, pero el rey Filipo II de Macedonia y su hijo Alejandro eran hombres muy decididos. La gran época de Grecia estaba pasando.

43

# DECLINACIÓN DE GRECIA

*Este mosaico romano, encontrado en las ruinas de Pompeya, muestra a Alejandro Magno cabalgando en su famoso caballo Bucéfalo, en la batalla de Isos, año 333 a.C.*

**D**espués del siglo IV a.C., Grecia perdió su independencia política ante los macedonios. Pero la influencia de la cultura griega apenas había comenzado. En su período de declinación política, Grecia tuvo mucho más ascendiente en Europa y el Cercano Oriente que cuando estaba en el apogeo de su poder.

## ALEJANDRO MAGNO

Alejandro Magno era hijo de Filipo II de Macedonia, un ambicioso y hábil general que conquistó el mundo griego mientras el poder de las ciudades-estado comenzó a desmoronarse. Filipo admiraba mucho su cultura y quería que su hijo se formara en la tradición griega. Alejandro fue educado por el filósofo Aristóteles y el joven príncipe creció inspirado en las historias y leyendas de los héroes griegos.

Cuando a los 20 años, Alejandro se convirtió en rey de Macedonia estaba decidido a expandir más aún su Imperio. Después de sofocar las sublevaciones en los estados griegos, Alejandro comenzó una serie de brillantes campañas militares, durante las cuales conquistó la mayor parte del mundo conocido y difundió la cultura y el lenguaje griegos hasta la India.

Primero atacó a Persia, donde su ejército derrotó las fuerzas del rey Darío en la batalla de Isos en el año 333 a.C. Luego Alejandro marchó hacia el sur y sitió primero la ciudad de Tiro y luego de Gaza. Desde allí su ejército se desplazó para invadir y conquistar Egipto, donde Alejandro, por su respeto a la religión, fue aclamado como hijo del dios Amón.

Al regresar de Egipto marchó hacia Asia. En Gaugamela, la segunda victoria contra los persas, selló definitivamente el destino del Imperio Persa: la ciudad de Babilonia se rindió, y las ciudades ricas de Susa y Persépolis fueron sitiadas sin inconvenientes.

Alejandro continuó hacia Partia, luego hacia el este a través de Bactriana, y finalmente hacia la India, donde derrotó a las fuerzas del rey Poro.

En varios lugares del camino, Alejandro

ordenó que se construyeran ciudades en su honor. Todas fueron llamadas Alejandría y estaban inspiradas en las ciudades griegas: la mayoría tenía un templo, un gimnasio e inscripciones en sus edificios públicos correspondientes a filósofos griegos.

*El Imperio de Alejandro se extendía desde Grecia hasta la India, con Babilonia como su capital. Fue uno de los generales más grandes que existieron. Sus fuerzas bien entrenadas aplastaron al ejército persa y terminó con el reinado del rey Darío III.*

Ruta de Alejandro

Imperio de Alejandro

Regiones dependientes de Alejandro

## MUERTE DE UN REY

Alejandro tenía planes aún más ambiciosos, que incluían una expedición para conquistar Arabia. Pero a los 33 años se enfermó de malaria y murió. Su cuerpo fue llevado a Egipto, primero a Menfis y luego a Alejandría, donde fue colocado en una hermosa tumba, ricamente decorada.

Después de su muerte, el Imperio de Alejandro era demasiado extenso como para sobrevivir como una sola entidad. Así fue que se dividió en varios imperios, pero siempre prevalecieron las ideas griegas. Durante todo este período, Roma era un pequeño pueblo. Su poder sólo alcanzó el este del Mediterráneo, 200 años después de la muerte de Alejandro Magno.

## UNA PROVINCIA ROMANA

Cuando los poderosos ejércitos romanos dispersaron a Grecia en el año 140 a.C., el país se convirtió en una provincia del Imperio Romano. Sin embargo, culturalmente su espíritu sobrevivió. La escultura, la pintura y la literatura romanas eran casi totalmente dependientes de los modelos griegos. La *Eneida*, el gran poema épico de Virgilio, por ejemplo, cuenta la historia de un héroe que huye de Troya, como lo había hecho Odiseo, el héroe de Homero. Pero quizás el legado más grande que nos han dejado los griegos es el Nuevo Testamento. Cuando el Cristianismo se expande por todo el Imperio Romano en los primeros siglos, el griego fue uno de los primeros idiomas que se usaron para redactar las nuevas enseñanzas.

*El magnífico arte cristiano del Imperio Romano oriental se inspiró en los estilos griegos.*

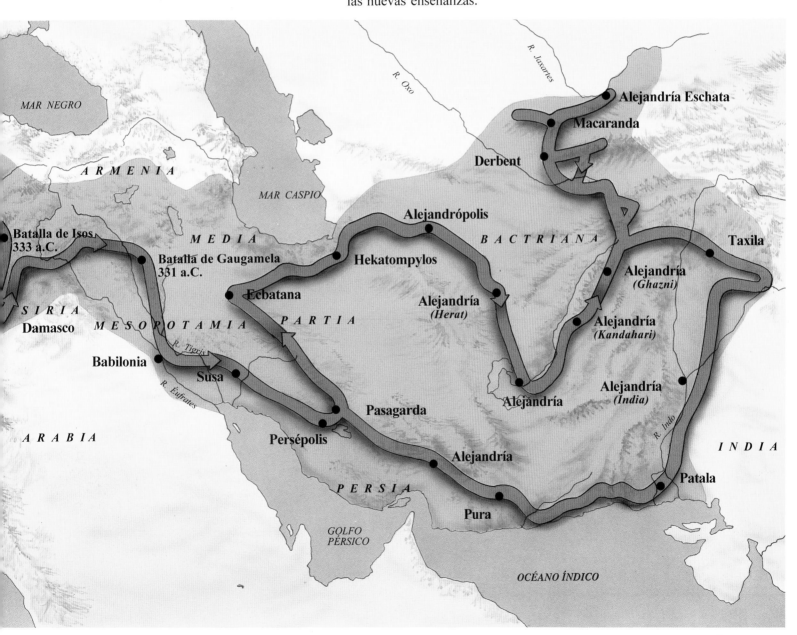

MAR NEGRO

R. Jaxartes

R. Oxo

**Alejandría Eschata**

**Macaranda**

**Derbent**

*A R M E N I A*

MAR CASPIO

*B A C T R I A N A*

**Taxila**

**Alejandrópolis**

*M E D I A*

**Batalla de Isos
333 a.C.**

**Batalla de Gaugamela
331 a.C.**

**Hekatompylos**

**Alejandría
(Ghazni)**

**Ecbatana**

*P A R T I A*

**Alejandría
(Herat)**

**Alejandría
(Kandahari)**

*S I R I A*

*M E S O P O T A M I A*

**Damasco**

R. Tigris

**Babilonia**

R. Éufrates

**Susa**

**Alejandría**

**Alejandría
(India)**

**Pasagarda**

R. Indo

*A R A B I A*

**Persépolis**

*I N D I A*

**Alejandría**

**Patala**

*P E R S I A*

**Pura**

GOLFO
PÉRSICO

OCÉANO ÍNDICO

# FECHAS IMPORTANTES

## Primeras culturas griegas 3000-800 a.C.

3000-1450 La civilización minoica descubre el bronce, combinando cobre con estaño, originando la llamada "Edad del Bronce". Para esta época otras civilizaciones también habían descubierto este metal

2000 Los minoicos comienzan a utilizar jeroglíficos, que es una forma de escritura con dibujos

1900-1400 Los minoicos construyen el Palacio de Cnosos, centro del poder, en Creta

1450 Una erupción volcánica en Tera destruye la civilización minoica; los micénicos de Grecia se apoderan de Cnosos

1400 Los micénicos acrecientan su poder

1250 Sitio de Troya por los reyes micénicos; lenta declinación del poder micénico

1100-800 Edad oscura

## Período arcaico 800-500 a.C.

800 Los griegos desarrollaron una forma de escritura más avanzada; quizá Homero compuso sus poemas épicos en esa época

776 Fecha tradicional de los primeros Juegos Olímpicos

550 Fundación de la ciudad de Esparta

508 Establecimiento del primer gobierno democrático en Atenas

490 Intento de invasión de los persas a Grecia, derrotados en la batalla de Maratón

480 Batalla naval de Salamina donde es derrotada la flota persa

479 Batalla de Platea, en la cual los griegos derrotan a los persas; al mismo tiempo la flota persa es destruida en Micala, Asia Menor, y termina la invasión persa

## Época Clásica 500-360 a.C.

443-429 La época de Pericles. Atenas alcanza la cumbre de su poder

431-404 Guerra del Peloponeso entre Esparta y Atenas, ganada por los espartanos

387 Platón funda una escuela filosófica en Atenas y comienza a escribir sus obras

354 Nace Jenofonte, el gran historiador griego

## Período Helénico 337-146 a.C.

336 Alejandro Magno se convierte en el rey de Macedonia y comienza sus victoriosos 11 años de campañas contra los persas

336-330 La extensa conquista de Alejandro crea el mundo helénico, un período de influencia y poder griegos que sobrevive mucho después de su muerte

333 Batalla de Isos en la cual Alejandro derrota a Persia

*Tres escenas de la* Odisea *de Homero, una de las obras épicas más famosas de la antigua Grecia. En la primera (izquierda), Odiseo y sus hombres enceguecen al Cíclope, el antropófago de un ojo, para escapar de sus garras. En la segunda (centro), protegido por un encanto mágico, Odiseo obliga a la hechicera Circe a romper el hechizo que convirtió a su tripulación en cerdos.*

332 Alejandro conquista Egipto

331 Alejandro derrota a los persas en la batalla de Gaugamela y se convierte en rey de Persia

323 Muerte de Alejandro Magno

323-322 Guerra de Lamia entre los griegos y los macedonios, en la cual son derrotados los griegos. Grecia es gobernada desde Macedonia

168 Macedonia es derrotada por los romanos y junto con Grecia es gobernada por Roma

146 Grecia se convierte en parte del Imperio Romano

# Glosario

**ágora:** un gran espacio abierto en una ciudad griega, para mercados y reuniones públicas

**andrón:** habitaciones de los hombres de una casa griega, donde se llevaban a cabo reuniones

**ánfora:** jarrón con dos asas, usado para contener líquidos (principalmente vino, agua y aceite) y comestibles

**Asamblea:** el principal cuerpo gobernante en una democracia griega. Todos los ciudadanos tenían el derecho de asistir

**bulé:** consejo que redactaba las leyes que le enviaba la Asamblea, y preparaba las agendas para las reuniones de la misma. Estaba integrado por 500 hombres elegidos por sorteo, 50 de cada uno de las 10 tribus de Atenas

**ciudadano:** adulto, nativo, miembro de una ciudad-estado griega

**democracia:** significa "gobierno del pueblo". Las ciudades griegas eran lo suficientemente pequeñas como para permitir que todos los ciudadanos concurrieran a la asamblea

**falange:** varias líneas apretadas de soldados que formaban una sólida pared de escudos y lanzas contra el enemigo

**gineceo:** habitaciones de las mujeres en una casa griega

**ilota:** esclavo espartano ligado a las tierras que trabajaba. No tenía derechos legales y se lo castigaba con la muerte si trataba de escapar

**ostracismo:** sistema por el cual la gente podía votar contra un miembro de la Asamblea escribiendo su nombre en un trozo de alfarería, llamado *óstrakon*. Si más de 6000 personas votaban contra alguien, esa persona era expulsada de la ciudad durante 10 años

**polis:** ciudad-estado griega. Cada polis tenía su propio gobierno

**pritaneo:** el comité ejecutivo del *bulé* o consejo, integrado por 50 hombres de cada una de las 10 tribus de Atenas

**tolos:** el edificio circular cercano al *ágora* donde se reunían, comían y dormían los miembros del pritaneo

**trirreme:** un barco de guerra que los griegos reforzaron agregándole dos hileras de remos

*En la escena final (derecha), Odiseo escucha el cántico de las sirenas, entonado para hechizar a los hombres e inducirlos a la muerte. Los protegió tapándoles los oídos con cera de abejas. El héroe se hizo atar al mástil del barco para escapar a dicho hechizo y obliga a su tripulación a remar hacia su refugio.*

47

# ÍNDICE

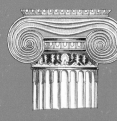

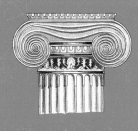